ココミル

cocomiru

東京

創造一次美好的
旅遊回憶 ♪

U0076732

時尚又可愛
持續進化的城市
TOKYO

觀光的新招牌
東京晴空塔

想吃美食、想買可愛的雜貨……
實現所有人心願的城市，東京。
而東京的新地標，
634公尺高的東京晴空塔聳立的姿態
展現後現代風，相當時尚。
在這個日新月異的城市裡，
創造出專屬於現在、專屬於自己的回憶。

渡過悠閒慵懶的時光
到處都是美好的咖啡廳
在喜歡的座位上小憩片刻

　由左上：カフェド ふるかわ（P65）、pâtisserie Sadaharu AOKI paris（P107）、Eggs'n Things 原宿店（P74）、
JEAN-PAUL HEVIN表參道之丘店（P71）、ANNIVERSAIRE CAFÉ & RESTAURANT（P77）、CANDY SHOW TIME（P77）

一看到就忍不住購買欲
讓人心癢癢的商品
不知不覺中錢包越來越薄

東京的夜晚相當浪漫
美麗的燈光照明
讓人不禁讚嘆出聲

東京不可錯過的觀光景點？

首先掌握最新景點

2014年有許多新開幕&重新裝潢的景點。迎接開幕32周年的東京迪士尼度假區（☞P11）和COREDO室町2、3（☞P10）、虎之門HILLS（☞P10）、秋天開幕的KIRARITO GINZA（☞P10）等，都是不可錯過的新地標。也別忘了東京晴空塔（☞P18）、淺草寺（☞P52）等最熱門的景點。

COREDO室町3
除了老字號名店，還可以體驗日本特有的娛樂

KIRARITO
GINZA提供適合特別的日子的商品

淺草寺有許多來自國外的觀光客

東京站是許多人利用的轉運站。2012年修復完成

東京旅遊的起點？

主要的起訖站是
東京站或羽田機場

搭乘電車的話是東京站（☞P124），搭乘飛機起點則是羽田機場（☞附錄P29）。東京站有JR、地下鐵等多條路線交會，無論要前往何處都很方便。羽田機場出發則有東京單軌電車和京急線、利木津巴士等。根據目的地選擇適合的交通方式吧。

造訪東京前的
必備旅遊知識

觀光、美食、購物等，豐富多元的東京。
事前預習觀光重點和移動方式，
享受一趟更聰明的旅程吧。

如何規劃最佳旅遊天數？

根據想去的地方而定 建議住1～2晚

在東京旅遊，最好住1～2晚。如果是2天1夜的行程，在中午前抵達、第2天待到傍晚左右的話，也能從容地觀光。如果想要充分享受購物和遊逛樂趣，建議待個3天2夜以上。可以配合觀光，安排具有彈性的旅遊行程。

走遠一些，到
代官山逛街
(☞P110)

品味超群的店家聚集的表
參道之丘 (☞P70)

老牌百貨公司雲集
的銀座 (☞P80)

規畫時需要留意的地方？

注意開店時間和公休日

主要的百貨公司大多10時～開店，商店則是11時～，即使一大早抵達，也會遇上店還沒開…的情況。晚上大多營業到20～21時左右，餐飲店則是22～23時左右。此外，淺草和銀座的老字號店家，許多都是在週六‧日、國定假日時公休，需特別留意。

如何有效率地觀光？

靈活運用 哈多巴士和SKY BUS TOKYO

以半天或1天的時間繞行主要觀光景點的「哈多巴士」（☞P153）和「SKY BUS TOKYO」（☞P153）。哈多巴士有1天內網羅國會議事堂、東京鐵塔、淺草寺等主要觀光區域的行程。剩下的時間可以購物和鑑賞藝術等，悠閒地從事喜歡的活動也很不錯。

哈多巴士有著家喻
戶曉的黃色車身

雙層的SKY BUS
TOKYO可以欣賞充
滿震撼力的景色

市區內的移動方式？

以JR和地下鐵為主
趕時間也可以利用計程車

東京有許多JR和地下鐵的路線，交通網相當發達。大部分路線的電車班距不會超過10分鐘，因此不需要急忙地強行上車。如果只有一站，大多步行10分鐘即可抵達，不趕時間的話可以步行，趕時間的時候則可留意塞車狀況、再利用計程車也是一種方法。

市區內最古老的木造車站，JR原宿站

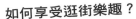

市區內的道路上有許多計程車

如何享受逛街樂趣？

自在地散步
欣賞建築物和玻璃櫥框

街上有許多獨特的建築，以及時尚地裝飾著商品的玻璃櫥窗，所以不要只是朝著目的地直線前進，一邊欣賞景觀一邊散步吧。在丸之内和銀座、表參道有許多知名建築師操刀的建築，也很推薦瀏覽建築物的行程。還有很多一個人也能輕鬆光顧的咖啡廳，走累了可以休息一下。

純逛街也很有趣

也有很多咖啡廳，
走累了可以休息一下

可愛的紙袋
可以留起來

銀座、表參道、丸
之内有許多高品味
的商店

要吃點什麼呢？

什麼都有的美食之都
前往名店時請事前確認

每個區域都有電視和雜誌介紹的人氣店家，各種類型的店家相當齊全。知名主廚的餐廳（☞P34）和飯店的自助式午餐（☞P38），有些需要事先預約，請先敲定計畫。飯店裡的餐廳等也需注意服裝規定。

在東京香格里拉大酒店（☞P48）享用美味下午茶

也很注重擺盤的名店菜色。視覺也能充分享受

在東京站附近販售的商品。有好多可愛的東西（☞P127）

東京伴手禮在哪裡買呢？

在東京站和羽田機場
購買經典&話題性的伴手禮

東京站（☞P124）的車站大樓內和車站周邊、羽田機場航廈（☞附錄P28）裡，從經典伴手禮到話題性的甜點，有著各式各樣的店家進駐。除了食品以外，可愛的雜貨也相當充實。此外，種類豐富的鐵路便當和機場便當也很齊全。兩地都很大，若是回程時前往，請先保留充裕的時間。

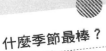

什麼季節最棒？

春天賞花、秋天賞紅葉
夏天和冬天的折扣季也不容錯過

如果想要欣賞美麗的景色，建議在上野恩賜公園（☞P60）和千鳥之淵的櫻花盛開的3月下旬～4月上旬、新宿御苑（☞P155）的樹木變換色彩的11月下旬～12月上旬前往。若是想要盡情購物的人，則要鎖定折扣季。一般來說夏天是7月上旬～、冬天是1月初～，百貨公司和流行商場大樓等都會舉辦。

約1200株櫻花盛開的上野恩賜公園。名列日本三大夜櫻之一

TOKYO NEWS 精選

迎來32週年更加進化的東京迪士尼度假區等，2014年也有備受關注的景點陸續登場。確認最新NEWS，搶先一步掌握流行吧。

日本橋
これどむろまちつー、すりー

COREDO室町2、3

2014年
3月20日
開幕

享受日本、世界的美食和體驗日本文化

COREDO室町2集結了日本和世界的「美食」。而COREDO室町3則有人氣的麵包店、和風雜貨店等進駐。在日式的場地出租空間「橋楽亭」可以體驗宴會遊戲（需事先預約）。

☎03-3272-4801 ⊞中央区日本橋室町2-3-1（COREDO室町2）、室町1-5-5（COREDO室町3）以下共通 ⊕視店家而異 ⊛不定休 ⊗地下鐵三越前站A6、A4出口即到 🅿290輛 MAP附錄P18E1

虎之門
とらのもんひるず

虎之門HILLS

2014年
6月11日
開幕

首次進駐的知名飯店和眾多人氣餐廳

首次進駐商業設施、表參道的人氣咖啡廳「OMETE SANDO KOFFEE」，以及以創意烏龍麵受到歡迎、位於池袋的「あんぷく」，還有來自紐約的有機保養品品牌在全球首間的Day Spa等，1～4F共有24間商店和餐廳。還有首次進駐日本、凱悅集團的生活品味飯店「東京安達仕酒店」。

☎未定 ⊞港区虎ノ門1-23-1～4 ⊕視店家而異 ⊛無休 ⊗地下鐵虎之門站步行5分 🅿544輛 MAP附錄P12F1

吉祥寺
きらりなけいおうきちじょうじ

kirarina京王吉祥寺

2014年
4月23日
開幕

充滿各種魅力、吉祥寺風情的空間

以美妝品和雜貨等為中心，地下2層地上9層的商業設施。約有70間首次進駐該地區的商店。

☎0422-29-8240 ⊞武蔵野市吉祥寺南町2-1-25 ⊕10～21時 ⊛不定休 ⊗直通井之頭線吉祥寺站 🅿110輛 MAP附錄P27A2

銀座
きらりと ぎんざ

KIRARITO GINZA

2014年
10月30日
開幕

以結婚為關鍵字的新地標

提供針對婚禮等特別日子的商品和服務。以鑽石的明亮型切割為設計概念的閃亮外觀是一大特徵。

☎未定 ⊞中央区銀座1-3-2 ⊛無休 ⊗地下鐵銀座一丁目站步行1分 🅿無 MAP附錄P10D1

千葉縣浦安市
とうきょうでぃずにーりぞーと
東京迪士尼度假區®
©Disney

樂園的夢想和魔法源源不絕

全新的娛樂和遊樂設施的更新等，2015年的樂園充滿最新情報。持續加速進化的夢想和魔法的國度，讓人期待不已！

☎0570-00-8632 住千葉県浦安市舞浜 ¥一日護照6900日圓等 ⏰8～22時（會變動。需由HP上確認）休無休 🚃JR舞濱站南口前往 🅿兩樂園合計約2萬輛（一般車輛1日2000日圓）MAP 附錄P2F3 HP http://www.tokyodisneyresort.jp

東京迪士尼海洋
マーメイドラグーンシアター
美人魚礁湖劇場

2015年4月24日登場

真實重現美麗的海底世界

將舞台裝置翻新，呈現出全新的音樂劇。以「川頓王的音樂會」為主題，呈現艾莉兒他們的美妙歌聲和舞蹈等華麗的表演。

美人魚礁湖／約15分

※照片為示意圖。

2014年5月29日開始

東京迪士尼樂園
ワンス・アポン・ア・タイム
童話之夜

灰姑娘城堡變身為魔法繪本

以光雕投影技術，將迪士尼動畫電影的世界，投射在夜晚的灰姑娘城堡上。親身感受由迪士尼動畫電影「美女與野獸」中的茶煲太太娓娓道來的故事。

灰姑娘城堡前／約20分

※照片為示意圖。
※希望於灰姑娘城堡前的中央觀賞區觀賞本娛樂表演的遊客，須出示保留入場券。

東京迪士尼樂園
ジャングルクルーズ：ワイルドライフ・エクスペディション
叢林巡航：勇闖野生世界

2014年9月8日開始

深入未知的熱帶叢林

融入照明和特效等表演效果和原創音樂，體驗充滿臨場感的原始叢林。夜間巡航更是加倍刺激。

探險樂園／約10分

※照片為重新整修前。

這些是新開幕的飯店

アンダーズ 東京
東京安達仕酒店

首次進駐日本
位於虎之門HILLS高樓層

由凱悅集團打造、全世界第12間的「安達仕」。符合顧客生活型態的飯店就此誕生。

☎03-6830-1234 住港区虎ノ門1-23-4 🚃地下鐵虎之門站1號出口步行5分 ¥需在HP上確認（http://andaztokyo.jp）⏰IN15時／OUT12時 MAP 附錄P12F1

コートヤード・バイ・マリオット東京ステーション
東京站萬怡酒店

在絕佳的地理位置登場！

以4種生活型態概念為基礎，打造具有獨特設計的客房。1樓也有餐廳和咖啡廳。

☎03-3516-9600（代表）住中央区京橋2-1-3 🚃JR東京站 八重洲南口步行4分 ¥1人10000日圓～（2人1室時）⏰IN15時／OUT12時 MAP 附錄P19D3

東京マリオットホテル
東京萬豪酒店

具有綠意和歷史的地點
舒適的空間

無論硬體和軟體都活用日本歷史和文化的精髓。共有249間客房，和3個餐飲設施。

☎03-5488-3911 住品川区北品川4-7-36 🚃JR・京急線品川站高輪口搭乘免費接送巴士5分 ¥1人20500日圓～（2人1室時）⏰IN15時／OUT12時 MAP 附錄P3C3

東京是什麼樣的地方

走在流行最前線的都市，東京。
根據區域，街道的氛圍也有所不同，
先決定好想去的地方再出發吧。

記住觀光時必須掌握的8個區域

觀光景點主要位於以JR山手線為中心的8個區域。最熱門的區域是新地標東京晴空塔周邊。經典的觀光區淺草和銀座有許多老店，而服飾店林立的表參道‧原宿、澀谷、新宿等地流行的風格也各有不同。轉運點的東京站則是不斷在進化的地方。不妨調查感興趣的區域再出發吧。

觀光前的情報收集

東京車站大樓內的GRANSTA（☞P127）有STATION CONCIERGE TOKYO（9～20時），會親切地說明東京車站內和鐵路、周邊資訊、市區的觀光資訊等。

想要寄放行李時？

寄放大型行李時，東京站GRANSTA內的寄放服務也很方便。9～20時，1件500日圓（有大小限制）即可寄放。也推薦利用各車站的投幣式寄物櫃。

▲仲見世通入口處的雷門

 あさくさ・うえの
淺草・上野
··· P50

淺草的淺草寺和仲見世通是東京觀光的必遊景點。動物園和美術館集中的上野也不容錯過。

▼新宿南口的地標──LUMINE新宿

 しんじゅく
新宿
··· P112

車站周邊集結了百貨公司和流行商場大樓。新宿末廣亭和LUMINE the 吉本等娛樂景點也很豐富。

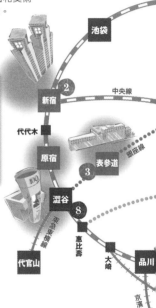

 おもてさんどう・はらじゅく
表參道・原宿
··· P66

除了東急PLAZA 表參道原宿、表參道之丘以外，這裡還有許多時尚的商店和咖啡廳。

◀表參道上美麗的欅木行道樹

池袋

新宿 中央線

代代木

原宿 表參道 銀座線

澀谷 8

東急東橫線 惠比壽

代官山 大崎 品川

京濱急行線

東京晴空塔®
とうきょうすかいつりー

··· P18

除了展望台，也有水族館和天象儀等設施。購物區域內有許多的限定商品。

◀融入老街風景的東京晴空塔

東京站·丸之內
とうきょうえき·まるのうち

5

··· P120

伴手禮商店一間接著一間的東京站。丸之內則保留著從大正至昭和時代的珍貴建築物。

▲館內的設計也很美麗的三菱一號館

銀座
ぎんざ

6

··· P78

除了高級品牌的總店，還有長年受到喜愛的老店和百貨公司聚集在此。知名的甜點店也很多。

▲代表銀座的「和光」大樓

六本木
ろっぽんぎ

7

··· P92

六本木之丘和東京中城內，集結了服飾店和雜貨店、餐廳。周邊也有美術館。

六本木之丘的觀景台可以欣賞整座城市的景色▶

澀谷
しぶや

8

··· P104

2012年開幕的澀谷HIKARIE不容錯過。前往神南地區、或是再走遠一些前往代官山散步也很不錯。

澀谷站前的地標SHIBUYA 109▶

山手線
銀座線
晴空塔線
東京晴空塔

上野
浅草
1
押上（晴空塔前）
4
秋葉原

京葉線
東京站·丸之內
5
七 六本木
日比谷線
新木場
浅草線
新橋
6 銀座
舞濱
濱松町
百合海鷗線
東京迪士尼度假區
東京單軌電車
天王洲ISLE
台場
臨海線
羽田機場
東京灣

13

出發！

10:30 東京站

車站大樓內有許多當紅的甜點店。東京站限定的商品也不容錯過（☞P126）。

11:00 表參道之丘

在匯集高級名牌店等約100家店、引領流行的商場購物（☞P70）。

前往喜愛甜食的人都無法抗拒、專賣巧克力的MAX BRENNER CHOCOLATE BAR表參道之丘店（☞P71）。

14:00 東急PLAZA 表參道原宿

在每到週末就湧入許多年輕人、熱門的流行商場，享受購物的樂趣（☞P68）。

排隊甜點

在Eggs'n Things原宿店（☞P74）品嘗大排長龍的熱門鬆餅。

在神南地區散步

在精品店、二手服飾店和雜貨店林立的神南地區（☞P108）購物。

18:00 澀谷HIKARIE

在澀谷的新地標購買知名甜點師傅的甜點當作伴手禮（☞P106）。

在看得見夜景的地方享用晚餐

在惠比壽的THE WESTIN TOKYO內的Victor's（☞P45），一邊欣賞夜景一邊用餐。

早安！

9:30 東京晴空塔®

前往2012年5月開業的日本新地標，東京晴空塔（☞P18）。

12:00

一邊眺望東京晴空塔，一邊享用午餐。午餐最好事先預約（☞P30）。

13:30 淺草寺

抵達淺草後，首先到市區內最古老的寺廟，淺草寺（☞P52）參拜。也試著求枝籤吧。

仲見世通悠閒漫步

漫步在人形燒和日式雜貨等約90間商店並排的仲見世通（☞P54）。

3天2夜的
極上東京觀光

新商店不斷誕生、一天天持續進化的東京。
漫遊淺草和銀座、表參道等各個區域，
充分感受城市的魅力。

15:30 銀座

銀座漫步♪

在銀座的咖啡廳Harrods The Plantation Room（☞P87）優雅地享用下午茶。

在長年備受民眾喜愛的老店購物。教文館エインカレム（☞P83）裡有可愛的雜貨。

17:30 LUMINE有樂町 ☾✦

在銀座的酒吧喝一杯

開在有樂町站前的流行商場。購買只有這裡才有的限定甜點（☞P80）。

在穩重氛圍的Italian Bar LA VIOLA（☞P46），大啖葡萄酒和佳餚。

第3天 ✦ 早安！

11:00 六本木

在號稱日本規模最大的展示空間，國立新美術館（☞P100）享受藝文時光。

12:30 六本木之丘

午餐就選在六本木之丘內、景觀絕佳的咖啡廳MADO LOUNGE（☞P96）。

漫遊六本木之丘

除了服飾店，也有觀景台和美術館，遊賞的方法相當多元（☞P94）。

在六本木之丘ART & DESIGN STORE（☞P95）購買知名藝術家的商品。

參觀丸之內的建築

17:00 丸之內

丸之內地區的行道樹相當美麗。推薦遊覽具有歷史的建築物（☞P122）。

咖啡廳等也很充實的丸大樓（☞P123）＆新丸大樓（☞P122）。享受隨心所欲的時光。

品嘗人氣美食

東京站的GRANROOF FRONT（☞P125）裡有充滿度假村風情的店家。

抵達！

18:30 東京站

伴手禮可在車站大樓內的GRANSTA、和出剪票口即到的大丸東京店等購買（☞P127）。

都特地來到東京了

第4天要不要試著走遠一些呢？

悠閒地散步在石板街道上

神樂坂保留了明治、大正時代繁榮一時的花街風情。漫步在充滿日式風情的寧靜住宅區，順便逛逛別具風情的咖啡廳和日式雜貨店（☞P118）。

遊覽老字號商店感受老街風情

在谷中·根津·千駄木一帶、通稱「谷根千」的地區散步。在充滿朝氣的商店街和發揮大師手藝的老店林立的街道，感受老街風情（☞P64）。

叩叩日本＋
cocomiru ココミル

東京

Contents

別忘了
拍張紀念照

2012 年
5 月開幕

東京的新地標

出發前往
東京晴空塔城®！

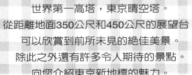

順路
Route

世界第一高塔，東京晴空塔。
從距離地面350公尺和450公尺的展望台，
可以欣賞到前所未見的絕佳美景。
除此之外還有許多令人期待的景點。
向您介紹東京新地標的魅力。

好想快點去呢

❶ 這裡是晴空塔的入口處 ❷ 也有可以近距離觀賞東京晴空塔的餐廳 ❸ 說不定會遇見晴空塔妹妹 ❹ 展望台入場券上的照片也不能錯過
❺ 也有天象儀。制服也很可愛 ❻ 東京晴空街道裡有許多限定伴手禮

＼ 首先前往展望台 ／

從東京晴空塔天望甲板（樓層340、345、350）和東京晴空塔天望回廊（樓層445、450）可欣賞東京的全景。天氣好的時候，甚至能看到富士山和房總半島、三浦半島，可在附設的咖啡廳和餐廳欣賞景色。黃昏時分和夜景也不容錯過。

634m

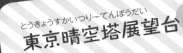

とうきょうすかいつりーてんぼうだい
東京晴空塔展望台

450m

350m

＋1030日圓

とうきょうすかいつりーてんぼうかいろう
東京晴空塔天望回廊

白色為基調，一整段斜坡狀玻璃帷幕迴廊，感覺就像在空中散步。晴空塔中的最高抵達點「SORAKARA POINT」是一定要去的景點。
☞P22

とうきょうすかいつりーてんぼうでっき
東京晴空塔天望甲板

四周360度設置了超過5公尺的大型玻璃，根據計算，可以看到約70公里遠的地方。3層樓的構造裡除了觀景樓層，還有餐廳和咖啡廳。
☞P22

すかい れすとらん むさし
Sky Restaurant 634（musashi）

距離地面345公尺，可以眺望四周的觀景餐廳。使用江戶東京蔬菜的和食中加入法國菜的元素，呈現出全新的日本料理。☞P22

ざ・すかいつりー しょっぷ
THE SKYTREE SHOP

位在1樓、5樓和樓層345的東京晴空塔官方商店。有限定商品和晴空塔妹妹周邊商品、聯名企劃商品等，種類相當豐富。☞P22

すかいつりー かふぇ
SKYTREE CAFE

位在樓層340和350的咖啡廳。無論哪個地方都能欣賞在眼前展開的絕佳美景。樓層340有沙發座位，還有晴空塔妹妹聖代750日圓。

・4樓入口樓層

通往展望台的大門。完成購票手續後，搭乘4台「大望遠梯電梯」前往位於樓層350的「天望甲板」。電梯的裝飾也值得一看。

······ 入場券費用 ······

●天望甲板350公尺
・當日票（不指定時間）2060日圓
在「東京晴空塔4樓售票櫃台」購買當日票。購票時，依據人潮狀況，可能會發放號碼牌
・事先購買（指定日期與時間）2570日圓
在「東京晴空塔Web門票」（http://ticket.tokyo-skytree.jp/）事先購買
●天望回廊450公尺
・限當天購買1030日圓
無法事先購買。入場當天可在東京晴空塔天望甲板內的售票櫃台購買
※也有團體預約和旅遊商品套裝行程等。

第一次來到東京晴空塔城®
掌握5個重點

除了展望台，東京晴空塔城還有許多吸引人的地方。
以下介紹精選的必去景點。

天望回廊

Point 1

すみだすいぞくかん
墨田水族館

飼養約400種生物，有將東京
灣和小笠原群島的海洋加以重
現的「緊密相連的生命～東京
灣、東京群島～」「生命之搖
籃、水之恩惠～東京大水
槽～」等8個區域。☞P23

天望甲板

ⓘ 東京晴空塔城®
information

☎0570-55-0634（東京晴空塔客服中
心）、☎0570-55-0102（東京晴空街道
客服中心）🏠墨田区押上1-1-2 🕐視設
施而異。展望台8～22時、東京晴空街
道全館10～21時（6、7、30、31F的
餐廳11～23時※視店鋪而異）🈺視設
施而異🚃東武晴空塔線東京晴空塔站
即到、或是各線押上（晴空塔前）站步行
即到 🅿約1000輛（收費）⭐附錄
P4D4
※請利用大眾運輸工具前往

Point 2

そらまちひろば
晴空街道廣場

廣場上設置著擔任東京晴空
塔的設計總監、雕刻家澄川
喜一的作品。這件柱子靠在
一起的作品，走進3根柱子之
間抬頭往上看的話，就能看
見塔頂。

Konica Minolta Planetari
"天空"
in 東京晴空塔城®

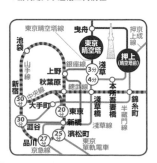

		墨田水族館	東京晴空塔出口大廳	
Farm Garden				
4F 🅿	餐廳	動漫角色商品	東京晴空塔入口大廳	
3F 🅿	晴空街道美食平台		流行服飾·雜貨	
2F 🅿	Food Marche			
1F	St. Street		東京晴空塔團體大廳	
B1F	🅿 停車場			

🚃1F
東京晴空塔站

西庭院　　　高塔庭院

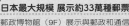

日本最大規模 展示約33萬種郵票

郵政博物館（9F）展示與郵政和通信相關的收藏品。介紹郵政的歷史和故事。還有約400件日本國內外的資料。☎03-6240-4311 ￥300日圓
🕐10時～17時30分 ⏸不定休

Point 3

こにかみのるたぷらねたりうむ
てんくういん とうきょうすかいつりーたうん

🗼 Konica Minolta Planetarium "天空"in東京晴空塔城®

以360度的投射影像，感受壯大的宇宙世界。20、21時的Healing planetarium，除了美麗的星空，還有讓人心靈平靜的音樂和香氛等演出。

☎03-5610-3043 ￥入館1100日圓（Healing planetarium一律1400日圓）🕐11～21時（每整點開始）⏸無休（作品替換期間休館）

Point 5

そらまちだいにんぐ すかいつりーびゅー

🗼 Solamachi Dining SKYTREE VIEW

距離地面150公尺、由精選的11間餐廳所構成的特別用餐區。可以品嘗日本料理和休閒法國料理的餐廳酒吧「天空ラウンジ TOP of TREE」（☞P24）等，有許多熱門的店家。

Point 4

そらまちしょうてんがい

🗼 晴空街道商店街

位於「東京晴空街道®」的東庭院1F、由300家以上的店舖所構成的商店街。以老街作為參考、全長約120公尺的通道上，有食品、雜貨、咖啡廳等30家以上的店舖。（☞P23）

東京晴空塔官方吉祥物

晴空塔妹妹
從炎炎星球來的女孩子。爺爺送的望遠鏡是她的寶貝

Teppenpen
長長的睫毛和頭上的星星是最迷人的地方。喜歡收集高跟鞋

Sukoburuburu
老街長大的高齡老犬。熟知老街文化的活字典

Solamachi Dining SKYTREE VIEW	31F	
Solamachi Dining SKYTREE VIEW	30F	
	29F	
辦公室	～	
	11F	
	10F	
生活與文化 郵政博物館（9樓）	～	
	8F	Dome Garden
Solamachi Dining	7F	
Solamachi Dining	6F	
Japan Experience Zone	5F	
日本紀念品區	4F	
流行服飾・雜貨	3F	
女性流行服飾・雜貨	2F	
晴空街道商店街	1F	
🅿 停車場	B1F	
東庭院 押上（晴空塔前）站	B3F	

東京晴空塔天望回廊
東京晴空塔天望甲板

東武晴空塔線 東京晴空塔站

墨田水族館

東京晴空街道

出口大廳（5F）
入口大廳（4F）

Konica Minolta Planetarium "天空" in東京晴空塔城®

名線 押上（晴空塔前）站

東京晴空街道

郵政博物館

晴空街道廣場

西庭院　高塔庭院　東庭院

📖 在星象儀上面（東庭院8F），有可以一邊眺望晴空塔一邊休息的Dome Garden。

介紹東京晴空塔城®的 1 DAY玩樂行程

東京晴空塔®有展望台、餐廳、商店等許多景點。
以時間排序，介紹有效率的玩樂路線。

出發

Start!

🕙 **10:00**

前往東京晴空塔展望台

首先前往350公尺高的天望甲板，以及450公尺高的天望回廊。天望甲板360度設置著大片玻璃，是個充滿開放感的空間。

DATA☞P19

害怕地顫抖著

▲樓層445的天望回廊，天氣晴朗時可以看見富士山。有時還可以看見腳下的雲朵

▶在展望台的最高抵達點「SORAKARA POINT」拍攝紀念照

◀樓層340有可由玻璃地板俯視下方的景點

※照片為示意圖

🕐 **13:00**

ざ・すかいつりー しょっぷ

在THE SKYTREE SHOP購買伴手禮

位於樓層345的官方商店。可以用來當作紀念的展望台商店限定商品，種類相當豐富。和老店合作的點心和雜貨等，各種商品十分齊全。

🕐8時～21時30分 休無休

▲加上刺繡的女性用手帕各1080日圓

▲氣氛沉穩的店內。由於是人氣店家建議先預約

🕚 **11:30**

すかい れすとらん むさし

在Sky Restaurant 634 (musashi)享用午餐

高345公尺、可品嘗以法國料理為基礎的"新日本料理"。主廚是曾擔任「Maison Paul Bocuse」（☞P34）主廚的牧村直哉。

☎03-3623-0634 🕐11～23時
休無休

◀午膳HIRUZEN 5197日圓～。可以品嘗到江戶東京蔬菜的料理

▲許多可愛的商品都想要買回家作裝飾

▲泉屋晴空塔妹妹圓罐餅乾780日圓

🕐 14:00

參觀墨田水族館

日本最大規模的室內開放式池塘型水槽,可以近距離觀賞企鵝和海狗。白天是接近自然光線的照明,可以觀賞動物們充滿活力的模樣。晚上則是昏暗的照明,可以觀賞動物們熟睡的模樣。

☎03-5619-1821 ¥入館2050日圓
🕐9～20時截止入館 休無休(有臨時公休)

▲和風甜點共有6種。6個一組1250日圓

▲企鵝和海狗在大型水槽裡游泳

▲看著繽紛可愛魚兒療癒心靈

🕐 15:00

在晴空街道商店街購物

晴空街道商店街位於東京晴空街道東庭院1F,以全新的老街為主題,約120公尺的通道上有著30間以上的店舖。有許多限定商品,不容錯過。

🕐10～21時※部分店舖營業時間不同 休不定休

買來當作伴手禮

◀わけあって®日本／RAAK手巾晴空塔妹®1條1890日圓

◀はせがわ酒店／Vigro啤酒 東京晴空塔®特選330ml525日圓

©TOKYO-SKYTREE

©TOKYO-SKYTREE

©TOKYO-SKYTREE

看起來好好吃!

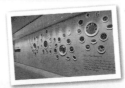

Goal!

🕐 16:00

在晴空街道美食平台休息一下

東京晴空街道西庭院3F的美食區「晴空街道美食平台」,聚集了日式、西式、中式、甜點等種類豐富的店家。

🕐10～21時 休不定休

▲設置約500席。裝潢與室內設計都很時尚

▲入口處的插畫看起來相當熱鬧

🕐 17:00

在Food Marche買東西

位於高塔庭院2F、西庭院2F,從生鮮食品到麵包店、熟食店等,種類相當豐富。在日式和西式甜點區也有許多限定商品。

🕐10～21時 休不定休

▶新鮮的魚類等許多受到矚目的食材

東京晴空街道以晴空塔為中心分為東庭院和西庭院、高塔庭院3區。先決定要去哪一區吧。

美食景點也很齊全
東京晴空街道®的焦點餐廳

日式、西式、中式，晴空街道集結了各種美食。
從眾多餐廳中，介紹造成話題的知名店家。

特色焦點
美麗景色
面向晴空塔的一側
是玻璃帷幕，壯觀
的景色在眼前展開

推薦菜色

晴光塔
會發光！

TOP午餐
2700日圓
前菜以1000分之1大小的晴空塔
盛裝。套餐有沙拉、主菜、麵
包、甜點、飲料

時令蔬菜熱沾醬
2592日圓
(2人～)
新鮮蔬菜搭配3種
熱沾醬

新鮮水果雞尾酒
1242日圓
使用當季水果的果
汁。清爽順口

鮮魚薄片 1620日圓
以橄欖油和胡椒調味。
鮮魚每日變換

31F／東庭院

てんくうらうんじ とっぷ おぶ つりー
天空ラウンジ TOP of TREE

在最高層的Sky Lounge
盡情欣賞晴空塔景觀

約150公尺高、位於晴空街道最高層的咖啡館。晴
天時白天可以看見富士山，晚上可以一覽東京的夜
景，夏天時還能從側面看見隅田川的煙火。菜色以
大量使用季節食材的歐式料理為主。是一處特別為
大人們準備、欣賞晴空塔的頂級空間。
☎03-5809-7377 ⏰11～16時LO、18～22時LO 休不定休

白天的景色

晴空塔就在眼前！
老街也能一覽無遺

晚上的景色

可以近距離欣賞
打上燈光的晴空塔

前往以嚕嚕米之家為主題的咖啡廳

全世界首間以嚕嚕米之家為概念的「ムーミンハウスカフェ」（西庭院1F）。除了可以品嘗到以人物角色為構想的餐點，還可以買到外帶的甜甜圈和周邊商品。
☎03-5610-3063

©Moomin Characters™

特色焦點
知名主廚
由山形縣的知名自然派義大利餐廳「アル・ケッチァーノ」的奧田政行先生所打造的店家

1 老街景色一覽無遺的吧檯座位。也有餐桌座位 **2** 天花板也是玻璃，可以看見晴空塔頂端

31F／東庭院
らそらしど ふーどりれーしょん れすとらん

LA SORA SEED FOOD RELATION RESTAURANT

**欣賞大廣角美景
品嘗人氣主廚的料理**

以重視生產者的心意為出發點，午餐為沙拉自助吧和義大利麵，附甜點2800日圓～。☎03-5809-7284 🕚11～23時 休不定休

7F／東庭院
えどみらくちゃや そらまちてい

江戸味楽茶屋
そらまち亭

**感受江戸的香氣
傳統風味讓人讚不絕口**

可以體驗江戸文化的和食店。使用江戸時代受到喜愛的米味噌「江戸甘味噌」的料理、鮪魚三色丼1458日圓等，有各種豐富的人氣菜色。
☎03-5809-7047 🕚11～23時
休不定休

特色焦點
觀賞落語
每日18時30分～和20時～，在店內舞台會有落語等寄席表演

1 壁紙的一部分使用江戸唐紙，椅子裝飾著和服花樣，呈現出日式氛圍 **2** 使用江戸甘味噌的江戸甘味噌牛肉鍋1人份2052日圓。2人份起接受點餐

特色焦點
銀座的知名店
由中華料理的名店「中國名菜 銀座アスター」所打造的餐廳

1 黑豬梅花肉的叉燒麺1944日圓。用烤箱蜜汁燒烤的叉燒堪稱絕品 **2** 獵戶座 3500日圓。有中式小菜拼盤、湯、2種點心、主菜、甜點的豪華全餐

31F／東庭院
ぶらっすりーしのわすばる ばい ぎんざあすたー

ブラッスリーシノワ昴
by 銀座アスター

**伴著美景
享受老店美饌**

搭配晴空塔景觀而推出的原創時尚中華料理。只有這裡才品嘗得到的菜色，搭配絕色美景一同享用。
☎03-5610-3056 🕚11～22時LO
休不定休

📖 東京晴空街道®1F有許多咖啡廳，稍作休息時相當方便。

買些東京晴空塔城® 獨家的伴手禮回家吧

東京晴空街道®有許多以晴空塔為發想的伴手禮。
還有許多限定商品，作為伴手禮肯定會受歡迎。

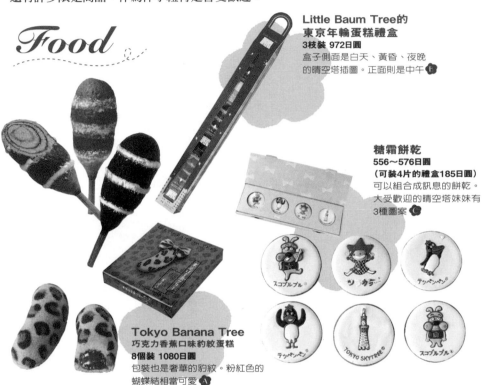

Food

Little Baum Tree的 東京年輪蛋糕禮盒
3枝裝 972日圓
盒子側面是白天、黃昏、夜晚
的晴空塔插圖。正面則是中午 Ｂ

糖霜餅乾
556〜576日圓
（可裝4片的禮盒185日圓）
可以組合成訊息的餅乾。
大受歡迎的晴空塔妹妹有
3種圖案 Ｃ

Tokyo Banana Tree
巧克力香蕉口味豹紋蛋糕
8個裝 1080日圓
包裝也是奢華的豹紋。粉紅色的
蝴蝶結相當可愛 Ａ

時尚的東京香蕉蛋糕登場

西庭院1F
Ａ 東京ばな奈ツリー
Tokyo Banana Tree

東京招牌伴手禮「Tokyo Banana」
的晴空街道限定商品登場，是一款
豹紋海綿蛋糕包裹巧克力香蕉卡士
達醬的點心。建議放在冰箱冷藏後
品嘗。還有「砂糖奶油樹」、「鎌
倉五郎本店」等招牌商品。
☎03-5610-2847 ◷9〜21時 休不定休

模仿晴空塔的外盒相當吸睛！

高塔庭院2F
Ｂ ちいさなばーむつりー ねんりんやより
Little Baum Tree
〜ねんりん家より〜

年輪蛋糕專賣店「ねんりん家」推
出的商店。單人份可慢慢享用的迷
你年輪蛋糕，相當受女性歡迎。有
招牌的原味、巧克力、季節口味等
3種。
☎03-5610-2845 ◷10〜21時 休不定休

獨特的餅乾充滿魅力
東庭院2F
Ｃ メリファクチュリー
Merrifactury

可用於各種場合、描繪著文字和插
圖的糖霜餅乾專賣店。餅乾的種類
居然多達600種以上。可以選擇喜
歡的圖案組合成獨特的訊息，或是
用來搭配禮物也很時尚。
☎03-5610-3142 ◷10〜21時 休不定休

將象徵老街的當地汽水作為伴手禮

在「トーキョーサイダー」的商店「AZUMACHO CAFE〜トーキョーサイダー倶楽部〜」（東庭院7F），售有1瓶259日圓的普通版本和1瓶388日圓的晴空塔版本。
☎03-6847-1947

©TOKYO-SKYTREE

Goods

©TOKYO-SKYTREETOWN

限定・西瓜塔鑰匙圈
864日圓
把西瓜作成晴空塔的獨特商品。價格親民，適合拿來當作伴手禮 D

限定・東京晴空塔城®馬卡龍吊飾
5724日圓
以晴空的"藍色"和塔的"綠色"為構思的馬卡龍 D

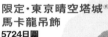
©TOKYO-SKYTREETOWN

ROOTOTE GALLERY
東京晴空街道®店限定
Flink（Tree）
2160日圓
彩虹和雲朵、星星和UFO等，以天空為發想的圖案 E

©TOKYO-SKYTREETOWN

ROOTOTE GALLERY
東京晴空街道®店限定
ROO-shopper mini（Heart）
1296日圓
以夜空中的晴空塔城為發想，加上愛心和星星的設計 E

©TOKYO-SKYTREETOWN

東京晴空塔城®限定
有玄機的吸油面紙
1944日圓（5本1組）
使用後紙上會浮現從634公尺所看到的風景 F

閃耀的夜景添加金箔的入浴劑634之湯（2包裝）
594日圓
加了金箔的入浴劑。讓人想起從634公尺所看到的夜景 F

©TOKYO-SKYTREETOWN

在甜蜜的空間裡購物
東庭院2F

キューポット
D Q-pot.

以塊狀巧克力為雛型的吊飾等，販售甜點造型的飾品和包包、雜貨等的人氣商店。晴空街道店也有販售限定商品，可愛的店內是以甜點店為概念，就連空間設計也很有趣。本店請參照☞P77。
☎03-5610-3156 ⏰10〜21時 休不定休

快樂出門的提案
東庭院4F

ルートート ギャラリー
E ROOTOTE GALLERY

販售具有機能設計的托特包品牌ROOTOTE的專賣店。輕巧好攜帶、限定圖案的環保購物袋，能在旅行途中派上用場。晴空街道的限定商品，除了上圖以外，還有許多不同的設計，可以選擇自己喜愛的圖案。
☎03-5809-7165 ⏰10〜21時 休不定休

限定的和風美妝品相當豐富！
東庭院4F

まかないこすめ
F まかないこすめ

販售使用柿澀和蒟蒻、米糠、紅豆等日式素材、對肌膚溫和的美妝品，是相當受到女性喜愛的品牌。晴空街道的限定商品，除了上圖以外，還有販售護手霜和護唇膏，非常適合當作伴手禮。總店請參照☞P119。
☎03-6456-1552 ⏰10〜21時 休不定休

 東庭院4F還有網羅東京伴手禮和東京晴空塔®官方商品的商店「空の小町」。

晴空塔附近走走逛逛
在風情洋溢的老街散步

步行逛上一圈
3小時

東京晴空塔下方的押上、向島，保留著洋溢老街風情的商店。
在晴空塔觀光前後，前往懷舊的老街悠閒散步吧。

1 前往東京晴空塔周邊散步！ **2 3** 由舊民宅重新裝潢而成的coneru，陳列著換裝娃娃等可愛的手工商品 **4** 十間橋是拍攝東京晴空塔的最佳地點 **5** 保留著昭和氛圍的商店街

START!

手作り雜貨の ギャラリー「coneru」
てづくりざっかのぎゃらりーこねる

充滿溫暖的
手工雜貨琳瑯滿目

陳列40位藝術家充滿個性的手工商品的雜貨店。店內就像是藝廊，可愛地陳列著小物和娃娃、文具等。很多商品都只有一件，試著尋找自己喜愛的吧。

☎03-3626-5360 **住**墨田区押上1-29-9 **時**12～18時 **休**週四、日 **交**地下鐵押上（晴空塔前）站B3出口步行3分 **P**無 **MAP**附錄P4E3 ●照片：**2 3**

步行8分

十間橋
じっけんばし

想拍攝東京晴空塔
就到這裡吧

橫跨於連結隅田川和舊中川的北十間川上，全長約19公尺、寬約15公尺的小橋。距東京晴空塔的直線距離約700公尺，因此可以清楚地拍下整座晴空塔。倒映在河面的晴空塔也不容錯過。十間橋到明治通一帶還有懷舊的商店街，別忘了去看看。

住墨田区業平5丁目～文花1丁目 **交**地下鐵押上（晴空塔前）站B1出口步行3分 **MAP**附錄P4E4 ●照片：**4**

步行10分

みりん堂
みりんどう

費心製作的煎餅
最適合當作伴手禮

以自大正12年（1923）創業以來不斷補充的秘傳醬油醬汁為賣點。除了依照傳統的作法製作的煎餅，描繪著東京晴空塔®的大煎餅、濕煎餅、煎餅中夾著冰淇淋的冰淇淋煎餅等，店內陳列著各種知名煎餅。

☎03-3621-2151 **住**墨田区業平1-13-7 **時**9～19時（週日～18時）**休**無休（有不定休）**交**地下鐵押上（晴空塔前）站A2出口步行5分 **P**無 **MAP**附錄P5C4 ●照片：**6 7**

步行20分

6 みりん堂印有可愛的押業君圖案的煎餅5片裝648日圓，適合作為伴手禮 7 懷舊又可愛的煎餅店，是創業於大正時代的老店 8 使用十勝產的紅豆等優質素材。言問糰子和茶的套餐630日圓 9 濃厚風情的門簾是其標識 10 瀧廉太郎作曲的「春」中歌詠的名園、隅田公園

GOAL!

ことといだんご
言問糰子

在創業於江戶末期的糰子店小憩一下

位於隅田川上櫻橋盡頭處的老字號糰子店。言問糰子有紅豆餡、白豆沙餡、青梅等3種顏色。紅豆餡和白豆沙餡是以米粉的糰子包住其餡料。青梅是店家看見附近水戶家的梅樹後想出來的，以梔子花染色的糰子包裹味噌餡。
☎03-3622-0081 住墨田区向島5-5-22 ⏰9～18時 休週二 交東武晴空線東京晴空塔站東口步行15分 P6輛
MAP附錄P5C1 ●照片：8 9

すみだくりつすみだこうえん
墨田區立隅田公園

**以賞櫻地聞名的公園
也別錯過舊水戶藩邸遺跡**

位於隅田川東岸、昭和6年（1931）開設的公園。利用自舊水戶藩邸庭園、別具風情的造景也是一大特色。從江戶時代便以「墨堤之櫻」而為人所熟知，春天時有染井吉野櫻和枝垂櫻等約340株的櫻花盛開。

步行12分

☎03-5608-6951（墨田區觀光協會）住墨田区向島1丁目、2丁目、5丁目 ￥⏰休自由進出 交東武晴空線東京晴空塔站東口步行10分 P無
MAP附錄P5B3 ●照片：10

老街散步時可以活用出租自行車

由喜愛美國自行車的老闆開設的自行車專賣店「SLOW CYCLE」。為了振興商店街，讓更多人知道商店街的魅力，而有了出租自行車的服務。在晴空塔周邊觀光時可以多加利用。
☎03-6456-1600 住墨田区業平1-12-2 ￥3小時634日圓～（之後1小時200日圓）⏰10～20時 休週三、雨天時 交東武晴空線東京晴空塔站正面口步行3分 P無
MAP附錄P5C4

押上、向島有許多由老房子重新裝潢而成的咖啡廳，推薦一邊散步一邊休息。

眺望晴空塔的同時
享用午餐＆下午茶

下町地區有很多可以眺望東京晴空塔的絕佳地點。
一邊眺望展現美麗姿態的晴空塔，一邊品嘗餐點和甜品。

景色像這樣

晴天時的晴空塔看起來像這樣

錦糸町

すかいつりーびゅー れすとらんあんどばー れん

スカイツリー®ビュー
レストラン＆バー「簾」

欣賞眼前的晴空塔
品嘗讚不絕口的日本料理

可以一邊眺望佇立在前方1.5公里處的東京晴空塔®，一邊品嘗餐點和甜品的餐廳＆酒吧。可以品嘗到講究產地的食材、以及充滿季節感的日本料理。除了晴空塔之外還能將老街一覽無遺的北側，以及看得見灣岸和都心的南側包廂（需預約）都相當受歡迎。

☎03-5611-5591（餐廳預約部10～19時）🏠墨田区錦糸1-2-2 TOBU HOTEL LEVANT TOKYO 24F ⏰餐廳11時30分～14時LO、17時30分～20時30分LO、酒吧11時30分～16時LO、17時～23時30分LO（週日、假日～22時30分LO）🈺無休 🚃JR錦糸町站北口步行3分 🅿129輛（收費）🗺附錄P26B1

▲晴空塔景觀便當「隅田」4158日圓、「武藏」5346日圓（照片）。三層的構造是以東京晴空塔的天望甲板為發想

◀設置寬敞座位的店內

景色真不錯！

1 從大大的窗戶可將晴空塔和淺草地區一覽無遺 2 開放式廚房裡製作著各式各樣的料理。華麗的料理過程是為了視覺上的享受而特別下的工夫

淺草

ざ だいにんぐ しのわ
からくれないあんどてっぱんふれんち まきえ

THE DINING シノワ
唐紅花＆鉄板フレンチ 蒔絵

在高約100公尺的場所
充分享受美景和佳餚

正面是東京晴空塔、腳下是淺草寺，在位於27F的店內，可同時品嘗以廣東菜為基礎的創新中國菜、以及活用嚴選素材的鐵板法國菜。Chef & Chef間全餐4200日圓～。

☎03-3842-3751 🏠台東区西淺草3-17-1 淺草豪景酒店27F ⏰11時30分～14時LO、17時30分～20時30分LO 🈺無休 🚃直通筑波快線淺草站A2出口 🅿220輛（收費）🗺附錄P6A2

スカイツリー®ビューレストラン＆バー「簾」（☞P30）所在的「TOBU HOTEL LEVANT TOKYO」，有搭配東京晴空塔®天望甲板指定日期門票交換券的住宿方案。☎03-5611-5511 **MAP** 附錄P26B1

東京晴空塔®官方飯店裡有晴空妹妹®房間！

1 隅田川近在眼前。可以眺望點上燈光的船隻與大樓的夜景也很漂亮 2 蛋糕套餐1100日圓 3 2樓當推薦的蛋糕附贈飲料 3 每個房間放置著不同氛圍的家具

淺草
かふぇ・むるそー
CAFE MEURSAULT

視野相當開闊的河畔景觀

位於隅田川旁小巷內，隱密的咖啡廳。從大大的窗戶，可以看見在河面上交錯的屋形船和海鷗等，是一片閒靜的景色。甜點師傅特製的蛋糕套餐相當受歡迎，手工蛋糕約有15種。地下的商店販售著餅乾和烘烤類點心。

☎03-3843-8008 **住**台東區雷門2-1-5 **⏰**11～23時LO（週六・日・假日～21時30分LO）**休**無休 **交**都營地下鐵淺草站A3出口步行1分 **P**無 **MAP** 附錄P6B4

吾妻橋
りすとらんて ら・らなりーた あづまばしてん
リストランテ
ラ・ラナリータ吾妻橋店

在墨田區的地標盡情欣賞眼前的絕色美景

位於朝日集團總公司最頂樓的義大利餐廳。周邊沒有高樓，可以正面欣賞東京晴空塔壯觀的景色。裡面的座位可以一邊用餐一邊欣賞晴空塔，因此相當受到歡迎（可預約）。在淺草的地標盡情品嘗午餐。

B全餐3780日圓。午間全餐平日2160日圓～（週六・日・假日2700日圓～）有3種

☎03-5608-5277 **住**墨田区吾妻橋1-23-1 朝日集團總公司大樓22F **⏰**11時30分～15時、17～22時（週六・日・假日11時30分～22時）**休**無休 **交**地下鐵淺草站5號出口步行3分 **P**20輛（收費）**MAP** 附錄P6C3

1 除了東京晴空塔，下町景色也一覽無遺 2 以啤酒為設計的朝日啤酒大樓，店就位在泡泡的地方

1 除了約20席的露天座位，由3F的座位也能欣賞晴空塔 2 天使蛋糕 香草焦糖550日圓。常備10種的甜點 3 每層樓的室內裝潢都不同，選擇座位也是種樂趣。照片是3F座位

☎03-5820-8121 **住**台東區藏前2-15-5 **⏰**11時30分～15時LO、17時30分～22時LO（週六・日・假日11時～。咖啡廳～22時30分LO）**休**無休 **交**地下鐵藏前站A7出口步行2分 **P**無 **MAP** 附錄P27B1

藏前
りばーざいど かふぇ しえろ いりお
Riverside Cafe
Cielo y Rio

仰望莊嚴的晴空塔共180個座位的咖啡餐廳

位於藏前・隅田川沿岸，有著露天陽台、充滿開放感的店。東京晴空塔和隅田川的景色，配上隨性的小酒館料理。使用包含淡路島產等當季蔬菜的健康料理，非常受到女性顧客的喜愛。

📖 看得見東京晴空塔的窗邊座位等，建議事前預約再前往。

Maison Paul Bocuse的全餐菜色

Toshi Yoroizuka Mid Town的甜點

落合主廚所經營的LA BETTOLA da Ochiai

法國廚神Joel Robuchon

ガストロノミー ジョエル・ロブション的
甜點

從sorasio俯瞰的東京夜景

辻口主廚製作的Mont St. Clair的烘焙點心

LA VIE DOUCE新宿店的蛋糕羅列

LA BETTOLA da Ochiai的午間全餐

Le Pommier麻布十番店內相當可愛

在美食之都
享用極品美食

主廚創作出美麗且味道層次豐富的全餐菜色、
甜點師傅製作出如同寶石般的誘人甜點。
午餐、茶點、晚餐，讓人充滿著猶豫的幸福。
盡情大啖極品美食吧。

一定要造訪一次！品嘗一次！知名主廚的餐廳

大老遠來到東京，一定要去知名主廚大展身手的餐廳！
在裝潢豪華的店內，享用一道道講究的佳餚。

甜點
馬斯卡邦起司的輕柔慕斯

魚類主菜
烤鱸魚配上朝鮮薊泥和炸物，再以香檳風味醬汁和佩里格醬畫龍點睛

前菜
煎法國產鴨肝和燉綠蘆筍，搭配生火腿

午間全餐特別菜單
5940日圓
（服務費10%另計）

含開胃菜、前菜、魚類和肉類主菜、甜點等。前方肉類主菜是以紅酒煮得軟嫩入味的燉牛肉，佐方旦菠菜和季節蔬菜

❶主餐廳是沉穩的空間，紅色的牆壁相當搶眼 ❷位於集結高級品牌的建築物的B1F

代官山

メゾン ポール・ボキューズ

Maison Paul Bocuse

傳統法國風味讓人讚不絕口

由世界最頂尖的大廚、赫赫有名的Paul Bocuse親手打造的日本總店。從1965年開始連續獲選為米其林三星，可以品嘗到和法國里昂總店相同的菜色。傳承了Bocuse的理念，活用食材風味、講究火侯和鹹度的正統派法國料理，堪稱絕品。

☎03-5458-6324 住渋谷区猿楽町17-16 代官山フォーラムB1F ⏰12時～13時30分LO、17時30分～20時30分LO 休週一（逢假日則翌日休）🚃東急東横線代官山站正面口步行5分 🅿無 MAP附錄P23C1

預算 午餐2592日圓～、晚餐6480日圓～※午餐和晚餐服務費10%另計

Paul Bocuse
現代法國料理之父，長期保持三星的資格。曾榮獲法國國家最佳工藝師獎（MOF）。

※全餐的內容隨季節和時期有所變更

在法式餐館裡 隨性品嘗 正統法國菜

銀座的「Brasserie Paul Bocuse Ginza」能以隨性方式品嘗正統派法國菜。午間全餐2160日圓～、晚間全餐3780日圓～。
☎03-5159-0321 **MAP**附錄P11C1

菜單C（限平日） 6200日圓 （服務費12%另計）
含開胃菜、前菜或湯品、魚或肉類主菜、甜點等

前菜
春季高麗菜和春季鮮採洋蔥醬汁、佐香料油封螢烏賊和酥炸山菜豆餅

開胃菜
白蘆筍泡沫慕斯，搭配充滿香料芬芳的柳橙凍

甜點
果仁糖百匯佐寮胡椒香的芒果泥

肉主菜
以鵪鶉高湯煨煮後火烤出焦糖色的法國產鵪鶉，配上炒朝鮮薊切片麵包

惠比壽
がすとろのみー じょえる・ろぶしょん
ガストロノミー ジョエル・ロブション

奢華地使用頂級食材的現代法國料理

Joel Robuchon在世界各地開設的餐廳中，這裡可說是巔峰的名店。將嚴選食材的風味發揮到最極致，以纖細又卓越的技巧烹調的法國料理堪稱絕品。可以品嘗到堪稱Robuchon神髓的風味。

Joel Robuchon
在飯店總主廚等經歷後自立門戶。以最短時間獲得米其林三星而聞名，甚至被譽為「法國廚神」。

☎03-5424-1347 **住**目黑區三田1-13-1 惠比壽花園廣場 シャトーレストラン2F **時**11時30分～14時LO（週六・日112時～）、18時～21時30分LO **休**不定休（準同惠比壽花園廣場）**交**JR惠比壽站東口步行6分 **P**450輛（收費）**MAP**附錄P23A4

預算 午餐6200日圓～（週六・日、假日8200日圓～）、晚餐23000日圓～ ※午餐和晚餐的服務費12%另計

香檳金的牆面，天花板裝飾著巴卡拉水晶吊燈

丸之內
イル ギオットーネ 丸の内店
IL GHIOTTONE 丸之內店

使用日本食材 源自日本的義大利菜

全餐料理使用每天從京都空運來的新鮮蔬菜，以及築地市場的海鮮。搭配全餐的葡萄酒也很豐富。喜歡蔬菜的主廚，除了以大量蔬菜來搭配主菜，風味上也相當地講究。午餐和晚餐都建議先預約後再前往。

☎03-5220-2006
住千代田區丸之內2-7-3
時11～14時LO、18～22時LO
休不定休 **交**JR東京站丸之內南口步行3分
P225輛（收費）**MAP**附錄P19B3

預算 午餐4104日圓～、晚餐8100日圓～ ※午餐和晚餐的服務費10%另計

午餐B 4104日圓 （服務費10%另計）
前菜、海鮮料理、義大利麵、主菜、附甜點。前方的主菜是烤雞肉、茄子和萬願寺辣椒、鯷魚酸豆醬

ささじまやすひろ
笹島保弘
在關西的義大利料理名店習藝後，在京都開了「IL GHIOTTONE」。除了活躍於電視和雜誌，也寫過許多義大利料理書籍。

前菜
番茄濃湯襯章魚和木通嫩芽

座位寬敞，可以悠閒地用餐

 有些高級餐廳有服裝規定。請留意別穿得過於休閒了。

一定要造訪一次！品嘗一次！
知名主廚的餐廳

甜點
以時髦的風格呈現法國的經典甜點「布列斯特泡芙」

午間全餐
2500日圓

前菜、湯品、魚或肉類主菜、甜點、附咖啡和小點心。照片下方的肉類餐點是以岩鹽包裹的小公雞，肉質軟嫩多汁的一道料理

主菜
香草風味烤羔羊背肉搭配季節蔬菜

從視野開闊的大窗戶可以欣賞到美麗的景色

汐留
たてるよしのびず
タテル ヨシノ ビズ
引出食材風味的大地料理

擄獲巴黎美食家的心的吉野主廚，在2014年1月將タテルヨシノ重新裝潢開幕，可以隨性大啖簡單呈現的美食。在都會風格設計簡約的空間，品嘗法國精神。

☎03-6252-1155 🏠港区東新橋1-7-1パークホテル東京25F ⏰11時30分～14時LO、18～21時LO 休無休 🚃JR新橋站汐留口步行8分 🅿20輛(收費) **MAP** 附錄P21A3

預算 午餐2500日圓～、晚餐4800日圓 ※內含午餐和晚餐的服務費10%

よしのたてる
吉野建
1997年在巴黎8區開業，往返日法之間，相當活躍。除了3家東京タテルヨシノ，也經手許多餐廳的企劃。

青山
リストランテ ホンダ
Ristorante HONDA
活用當季食材的創意義大利菜

榮獲米其林一星的人氣義大利餐廳。充分利用當季食材的風味、香氣、口感等，料理也很賞心悅目。採用法國料理的手法和日本的食材。

☎03-5414-3723 🏠港区北青山2-12-35タートルストーン青山ビル1F ⏰12～14時LO、18～22時LO 休週一(逢假日則翌日休) 🚃地下鐵外苑前站3號出口步行5分 🅿無 **MAP** 附錄P8D2

預算 午餐3024日圓～、晚餐8640日圓 ※午餐和晚餐的服務費10%另計

ほんだてつや
本多哲也
在義大利和法國的星級餐廳習藝、曾任西麻布「リストランテ アルポルト」的副主廚，之後開了現在的店。

自選全餐
3780日圓
（服務費10%另計）

主菜是魚或肉類，前菜有3種、義大利麵有4種、甜點有4種可以選擇。前方的主菜是油封阿古豬搭配雪莉醋醬汁

前菜
酥炸牡丹蝦搭配青豆濃湯

為了確保服務週到，店內只有25個座位

三國先生指導的店
充分展現
「當地產銷」

「mikuni MARUNOUCHI」可以品嘗到江戶東京蔬菜和東京都產食材的自然派法國料理。平日限定午餐2500日圓～（照片）、晚餐6300日圓～。※服務費10%另計 ☎03-5220-3921 MAP附錄P19B3

起司餐點
北海道小樽，富含乳酸菌的白乳酪，柑橘風味配上柑橘乾

前菜
加拿大產龍蝦和沖繩產玉米的濃湯，配上玉米的奶泡

魚類主菜
白灼鹿兒島阿久根外海的赤鯥

四谷
オテル・ドゥ・ミクニ
HÔTEL DE MIKUNI

凝聚蔬菜魅力的
三國流·頂級法國菜

嘗得到三國主廚特有、充分發揮食材優點的「自然烹調法」餐點的名店。除了產地，還很講究生產者，是感受得到四季色彩的佳餚。

☎03-3351-3810 住新宿區若葉1-18 時12時～14時30分LO、18時～21時30分LO 休週日晚上、週一 交JR四谷站赤坂口步行7分 P無 MAP上圖

預算 午餐8700日圓～、晚餐20600日圓～

みくにきよみ
三國清三
在日本、法國習藝後，開了「HÔTEL DE MIKUNI」。在法國獲得許多獎項。

季節
午間全餐
8700日圓
（含服務費、消費稅）
前菜、魚主菜、肉主菜、起司餐點、冰涼甜品、甜點、咖啡。菜色每月更換

銀座
ラ・ベットラ・ダ・オチアイ
LA BETTOLA da Ochiai

難以預約的
知名義大利菜餐廳

發揮食材風味、味道層次豐富的人氣義大利餐廳。有許多價位平實的晚餐菜色，吸引不少回頭客。其中使用了新鮮海膽的海膽奶油義大利麵，美味到有許多顧客是專程為它而來。

☎03-3567-5656 住中央區銀座1-21-2 時11時30分～14時LO、18時30分～22時LO(週六、假日18時～21時30分LO) 休週日、第1·3週一 交地下鐵銀座一丁目站10號出口步行5分 P無 MAP附錄P10E2

預算 午餐1500日圓～、晚餐4500日圓～

午間全餐
C全餐 3024日圓
（含服務費、消費稅）
含前菜、義大利麵、主菜。從數十種以上的菜色中各選擇一道

おちあいつとむ
落合務
在日本、義大利習藝。曾任赤坂「グラナータ」主廚，現為「LA BETTOLA」的經營者兼主廚。

平日限定午間全餐
4860日圓
（服務費13%另計）
前菜、主菜、水果冷湯、甜點、咖啡、小點心

附設於Ristorante ASO入口處的「Caffè Michelangelo」，是義麵和三明治等餐點相當豐富的開放式咖啡廳。週末甚至大排長龍，相當受歡迎。

代官山
リストランテASO
Ristorante ASO

纖細且獨創的
義大利料理

超越義大利料理的領域、在優質食材中加入玩心的嶄新料理，令眾多美食家也為之傾倒。在位於綠意豐富的代官山舊山手通上的獨棟建築，享受極致幸福的片刻。

☎03-3770-3690 住渋谷區猿樂町29-3 時12時～13時30分LO、17時30分～20時30分LO 休無休 交東急東横線代官山站正面口步行5分 P無 MAP附錄P23B1

預算 午餐4860日圓～、晚餐7560日圓～ ※午餐和晚餐的服務費13%另計

各家餐廳的室內裝潢和餐具也都很講究。別忘了享受料理以外的樂趣。

在令人嚮往的飯店享用
東京都內的熱門自助式午餐

即便是平常高價位的飯店餐飲，如果是自助式午餐就可以超值地享受。
前菜到主菜、甜點都是任君享用，這裡網羅了東京都內高評價的地點。

像這樣的擺盤

1 日式現代風格的店內，周圍都是竹子 **2** 隨季節變換的甜點一字排開 **3** 自然光線灑落、舒適的店內

海鮮燉飯和雞肉、北非小米等料理羅列

充分享受色彩繽紛的新鮮食材

日本橋

マンダリン オリエンタル 東京
地中海料理 ヴェンタリオ

東京文華東方酒店
地中海料理 Ventaglio

大啖世界級飯店的風味

在設置竹林的開放空間，以自助餐形式品嘗道地地中海料理的餐廳。使用色彩繽紛的蔬菜和當季海鮮的前菜、義大利麵等頗具好評。也售有麵包和主廚製作的現成餐點。這些都是相當受到歡迎的伴手禮，不容錯過。

☎0120-806-823 住中央区日本橋室町2-1-1 2F
休無休 交直通地下鐵三越前站A7・8出口
P216輛（收費） MAP附錄P18E1

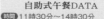

自助式午餐DATA
時間 11時30分～14時30分
（週六・日・假日11時～16時30分）
費用 3132日圓～（服務費13%另計）
※週六・日・假日4536日圓～
（服務費13%另計）
菜色的種類 約45種

擺盤很漂亮，深受女性喜愛

將飯店製作的酥皮點心和蛋糕、巧克力當作伴手禮

在「東京文華東方酒店美食店」可以買到使用嚴選食材，每天由主廚仔細地一個一個親手製作的商品。
☎03-3270-8159 MAP 附錄 P18E1

汐留

ロイヤルパークホテル ザ 汐留「ハーモニー」

皇家花園飯店THE汐留「HARMONY」

主廚的現場烹調服務很受歡迎

在100公尺高的地方享受自助式午餐。擺盤相當美麗的前菜、沙拉、湯品、主菜、甜點都是無限量供應。有主廚在面前切烤牛肉的服務，以及煎鵝肝醬等。

☎03-6253-1130 住港区東新橋1-6-3 24F
休無休 交JR新橋站汐留口步行3分 P192輛（收費）MAP 附錄P21A3

自助式午餐DATA
- 時間 第1場11時30分～13時、第2場13時30分～15時
- 費用 2700日圓（服務費10%另計）※週六・日、假日3780日圓（服務費10%另計）
- 菜色的種類 約30種

像這樣的擺盤

1 數個月一次的活動裡可以品嘗到各種菜色。週六日和假日還供應烤牛肉等
2 分裝成一小份的前菜，色彩相當鮮豔
除了東京鐵塔，晴天時也能看見富士山

品川

品川プリンスホテル リュクス ダイニング ハプナ

品川王子大飯店 LUXE DINING HAPUNA

超過70種的料理讓人讚不絕口

電視上也經常介紹的知名自助式午餐。具開放感的寬敞店內，有日式、西式、中式和亞洲料理、甜點等種類豐富的菜色，其中以烤牛肉和螃蟹、甜點等最受歡迎。

☎03-5421-1114 住港区高輪4-10-30主塔樓1F 休無休 交JR品川站高輪口步行2分 P477輛（收費）MAP 附錄P25B4

像這樣的擺盤

由主廚服務的烤牛肉也是無限量供應

自助式午餐DATA
- 時間 11～16時
- 費用 3500日圓（週六・日、假日3200日圓）
- 菜色的種類 約70種

1 一進店內就會看到甜點的展示櫃
2 除了種類豐富的菜色，無酒精飲料吧也包含在費用裡

惠比壽

ウェスティンホテル東京 ザ・テラス

THE WESTIN TOKYO The Terrace

享用國際化的料理！

萬中選一的食材、國際色彩豐富的道地料理齊備。甜點師傅製作的賞心悅目的甜點，相當受到女性喜愛。會定期舉辦活動，菜色的內容也會更換，可事先確認。

☎03-5423-7778 住目黒区三田1-4-1 1F
休無休 交JR惠比壽站東口步行7分 P300輛（收費）MAP 附錄P23A4

自助式午餐DATA
- 時間 11時30分～14時30分（週六・日、假日第1場12時～13時45分、第2場14時15分～16時）
- 費用 4950日圓（週六・日、假日5800日圓）
- 菜色的種類 約50種

像這樣的擺盤

1 開放式廚房具有臨場感，可以欣賞主廚的演出 2 像寶石一樣的甜點，以及色彩鮮豔的菜色相當豐富
大大的窗戶面向庭院，氛圍明亮

每一家都相當受歡迎，除了週六・日、假日，平日前往時也建議事先預約。

在店內享用
人氣糕點師的甜點

世界知名的糕點師製作的甜點，是絕對要品嘗一次的極品。
在咖啡廳慢慢地享受美麗外觀和細緻風味交織成的美味共鳴吧。

千層派 1340日圓
草莓千層派佐開心果冰淇淋和碳酸醬

よろいづかとしひこ
鎧塚俊彥

曾在比利時的三星級餐廳擔任甜點主廚。也曾在巴黎的比賽中獲得優勝。

共有14個吧檯座位

六本木
とし よろいづか みっどたうん
Toshi Yoroizuka Mid Town

品嘗如同藝術品般的甜點

甜點師傅在吧檯內製作甜點的形式是這裡的特徵。以「當場享用在眼前現作的甜點」的概念，提供華麗的甜點。

☎03-5413-3650 （住）港区赤坂9-7-2東京中城・東區1F （時）11~21時(沙龍~21時LO) （休）週二(沙龍無休) （交）直通地下鐵六本木站8號出口 （P）390輛(收費)
MAP 附錄P13B1

Soleil 486日圓 芒果慕斯加上柳橙慕斯，以太陽為發想的蛋糕

たかぎやすまさ
高木康政

在二星級的名店習藝後，成為歐洲最權威的「Gastronomique Arpajon」中最年輕的得獎者。

像是巴黎街角的咖啡廳

青山
ル パティシエ タカギ 青山店
LE PATISSIER TAKAGI 青山店

華麗的高木流甜點

可以品嘗到除了味道、外觀也追求極致的原創甜點。也有販售只有青山店才吃得到的聖代和麵包、熟食等。

☎03-6459-2667 （住）港区南青山2-27-18 （時）11~20時LO （休）無 （交）地下鐵外苑前站1a出口步行2分 （P）無
MAP 附錄P8E2

新宿
ラ・ヴィ・ドゥース 新宿店
LA VIE DOUCE 新宿店

以嚴選素材表現新風味

蘊含著主廚「日常生活享用的美味蛋糕」的熱切想法的甜點，使用安心、安全的素材。運用當季素材，甜味、酸味、苦味的比例恰到好處。味道雖然紮實，但不死甜。

☎03-5368-1160 （住）新宿区愛住町23-14ベルックス新宿ビル1F （時）9時30分~19時 （休）週一 （交）地下鐵曙橋站A1出口步行6分 （P）無 MAP 右圖

明亮的內用區

LA VIE DOUCE 新宿店

La vie Bacchus（前方）441日圓 巧克力和柳橙相當搭配。在法國的比賽中獲得優勝的絕品／**Rouge Blanc**（中央）420日圓／蒙布朗（後方）441日圓

ほりえしん
堀江新

在「和光ガトー・ド・パリ・ルショワ」研修後自立門戶。曾在世界的知名大會中獲得優勝。

在代表日本的
巧克力商店
購買伴手禮

知名巧克力師傅土屋公二的「Musee Du Chocolat Theobroma」裡，販售著約50種的巧克力。夾心巧克力10個裝3024日圓。☎03-5790-2181 **MAP**附錄P16F1

色彩繽紛的可愛外觀

紅蘿蔔巧克力派（前方）480日圓／綠海綿蛋糕‧番茄（中央）470日圓 夾著番茄的小松菜海綿蛋糕。多汁的番茄相當美味／牛蒡巧克力蛋糕（後方）430日圓

かきさわあや
柿澤安耶

擔任餐廳主廚時期所推出的蔬菜甜點大受好評。創造了蔬菜甜點的新分野。

中目黑
パティスリー ポタジエ

patisserie Potager
對身體有益的蔬菜甜點

世界首間蔬菜甜點的專賣店。常備20種以有機蔬菜製作的甜點。完全不使用添加物和防腐劑，考量安全及健康的甜點，非常受到女性喜愛。

☎03-6279-7753 住目黑區上目黑2‧44‧9 ⊙10～20時 休無休 交東急東橫線中目黑站步行7分 P無 **MAP**附錄P23A1

※佛手柑蛋糕塔為冬季限定

Pommier（前方）594日圓 榛果蛋糕搭青蘋果慕斯，是最受喜愛的甜點

Frederic Madelaine

法國研修後，在「ダロワイヨ‧ジャポン」擔任甜點主廚。2005年開設「Le Pommier」。

店內擺放著木製家具

麻布十番
ル‧ポミエ 麻布十番

Le Pommier 麻布十番
纖細的法式甜點

販售主廚出身地法國的甜點。堅持採用法國產的素材，而使用日本的材料時，也會挑選氣候和風味與法國接近的食材。

☎03-6435-0104 住港区麻布十番3‧9‧2 ⊙10時～20時 休無休 交地下鐵麻布十番站1號出口步行3分 P無 **MAP**附錄P13O4

東京美食 ● 在店內享用人氣糕點師的甜點

Lutin（前方）580日圓 紅醋栗的慕斯裡有糖煮白桃和慕斯。蛋糕塔中則加入了生起司／Mont St Clair（右）480日圓／Cest La Vie（左）580日圓

つじぐちひろのぶ
辻口博啓

在世界級的西點比賽中榮獲許多獎項。也經手日式甜點專賣店「和樂紅屋」（☞P129）

自由之丘
モンサンクレール

Mont St. Clair
有深度的風味是其魅力所在

老闆是帶領甜點師傅風潮的辻口主廚。不只是味道，就連外觀和香氣等都經過縝密計算的蛋糕，擄獲許多人的心。烘焙點心和法國的地方甜點、麵包和巧克力等也都很豐富。

☎03-3718-5200 住目黑区自由が丘2-22-4 ⊙11～19時（咖啡廳～17時30分LO）休週三（有臨時公休）交東急東橫線‧大井町線自由之丘站正面口步行10分 P4輛 **MAP**右圖

店內的沙龍空間

Mont St. Clair

這裡介紹的店家都有外帶用的甜點，可買來作為伴手禮。

在人氣商店打造的咖啡廳
時尚地度過休息時間

由流行服飾店推出的咖啡廳，既隨性又時尚。
逛街空檔時想休息和享用輕食午餐時不妨順道前往。

> 每一件家具都有
> 不同的風格

附設在這家店裡

> 店名的照明也是
> DIESEL製作的

附設在這家店裡

MIDWEST東京

獨特世界觀的最新潮流服飾
齊備。陳列許多能成為穿搭
亮點的個性化單品。
MAP 附錄P16E3

DIESEL SHIBUYA

提倡奢華及隨性風格的
DIESEL首間大型概念店。
MAP 附錄P16D4

澀谷
べんち ばい みっどうぇすと かふぇ

BENCI by MIDWEST CAFE

充滿開放感的陽台咖啡廳

位於MIDWEST東京4F的隱密咖
啡廳。由裝潢可愛的陽台座位
可以欣賞神南的街道。大量採
用季節蔬菜的午間套餐1110日
圓，有魚和肉的主菜、義大利
麵等選擇。

☎03-5428-3359 🏠渋谷区神南
1-6-1 4F ⏰11時30分～20時 🈺週一
（逢假日則營業）🚇JR澀谷站八公口
步行18分 🅿無 **MAP** 附錄P16E3

義大利料理主廚製作的
極品午餐

原宿
ぐろりあす ちぇーん かふぇ

Glorious Chain Café

如同在家裡一樣自在的咖啡廳

附設在DIESEL SHIBUYA的咖啡
廳，室內裝潢採用沉穩的深色
木材，和黃色的家具相當搭
配。店內販售咖啡廳限定商
品，以及DIESEL FARM的橄欖
油5400日圓～。

☎03-3409-5670 🏠渋谷区渋谷1-
23-16cocoti1F ⏰11時30分～22時
LO 🈺不定休 🚇地下鐵澀谷站13號
出口1分 🅿96輛(收費) **MAP** 附錄
P16D4

荷蘭醬滋味絕妙的班尼
迪克蛋1230日圓～

在名牌打造的
咖啡廳
享用下午茶

由義大利皮件品牌FURLA所打造、位於銀座的「furla cafe」。在奢華的空間裡，享用提拉米蘇和香草義式冰淇淋配上季節水果1150日圓。☎03-3564-7570 MAP附錄P11C2

北歐風格的
壁紙相當時尚

附設在這家店裡

BEAMS TIME

「Ray BEAMS」和「BEAMS BOY」等，從潮流到經典款的多樣商品相當豐富。
MAP附錄P16D3

渋谷
タイム カフェ 渋谷

TIME CAFE SHIBUYA

在人氣店家享用咖啡廳餐點

由知名精品店BEAMS打造。隨性中流露出非凡品味的空間，可輕鬆利用，一個人也能單獨進入。肉味噌炸醬烏龍麵780日圓等，各種原創菜色相當豐富。

☎03-5458-4549 住渋谷区神南1-14-7 2F ⏰11時～19時30分LO 休不定休 交JR渋谷站八公口步行15分 P無 MAP附錄P16D3

手工漢堡排搭配特製羅勒醬980日圓

美式的
休閒氛圍

附設在這家店裡

JOURNAL STANDARD
表參道店

除了服飾，也有包包和鞋子等。網羅具有流行品味、且可長久愛用的商品。
MAP附錄P9B3

原宿
じぇい.えす.ばーがーず かふぇ おもてさんどう

J.S. BURGERS CAFE 表參道

品嘗受到女性喜愛的漢堡午餐

以時尚的空間和道地漢堡廣受好評，JOURNAL STANDARD的咖啡廳。漢堡午餐920日圓～，搭配沙拉吧和飲料的套餐相當划算。

☎03-6418-2586 住渋谷区神宮前6-6-2 2F ⏰11時30分～22時30分LO(週六11時～、週日、假日11時～21時30分LO) 休不定休 交地下鐵明治神宮前(原宿)站7號出口步行3分 P無 MAP附錄P9B3

J.S.BURGER（附薯條）1210日圓

東京夜景一覽無遺
在絕佳的餐廳享用晚餐

來到東京，推薦一邊眺望美麗的夜景一邊享用晚餐。
伴隨著耀眼閃爍的景色，度過一個特別的夜晚。

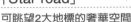

ダイニング&バー「スターロード」

SKY休息室
「Star road」

可眺望2大地標的奢華空間

位於飯店30F、提供法式風味料理的餐廳和酒吧。面海的整面玻璃，可將東京鐵塔、彩虹大橋等一覽無遺。盡情享受招牌的雞尾酒和夜景的絕妙組合吧。

☎03-5500-6605 住港区台場2-6-1台場格蘭太平洋大酒店30F 6時30分～10時、11時30分～15時、17時30分～21時(酒吧～23時) 休無休 交直通百合海鷗線台場站 P約330輛(收費) MAP附錄P25A1

★
可以看見這裡
東京鐵塔和
彩虹大橋

左邊是東京鐵塔，正面是彩虹大橋。可將東京裡打上燈光的2大知名景點一覽無遺。

碳烤羔羊背肉（2隻）搭配番茄及洋蔥醬汁 2800日圓（照片為範例）／本日推薦燒烤海鮮 2800日圓／SKY VIEW調酒「634」1860日圓
皆僅限晚餐時段

ピッツォランテ スパッカナポリ

Pizzo Rante
Spacca Napoli

在摩天大樓眺望夜景享用晚餐

位於高樓大廈52F、距離地面200公尺的地方，可以全面欣賞都心夜景的義大利餐廳。招牌菜色是以道地石窯燒烤的拿坡里比薩。還有1日限定5組客人的特別觀景座位。

☎03-3349-1055 住新宿区西新宿2-6-1新宿住友大樓52F 11時30分～15時30分、17時30分～22時30分(週五、六～23時，週日、連假最終日～22時) 休無休 交JR新宿站西口步行7分 P無 MAP附錄P15A2

★
可以看見這裡
新宿的夜景

城市的位置一覽無遺，黃昏時也很美。可以欣賞高樓林立的東京特有的夜景。

瑪格麗特比薩1728日圓／豐富季節蔬菜比薩702日圓
道地拿坡里師傅燒烤的比薩是該店招牌

在海上品嘗晚餐和欣賞夜景

周遊東京灣、充分感受台場等地夜景的「東京VINGT ET UN遊輪」，可在船上欣賞耀眼的夜景和品嘗豪華的晚餐（需預約，有中午和傍晚的行程）。☎03-3436-2121 **MAP**附錄P2D2

惠比壽
ビクターズ

Victor's

絕品法國料理搭配美景

歐洲莊園城堡般的氛圍，可眺望東京鐵塔和彩虹大橋等的特別場所。午餐時段是開闊的明亮空間，晚間則是呈現水晶吊燈閃爍的浪漫時光。隨著季節，以頂級法國菜品嘗當季風味吧。

☎03-5423-7777 **住**目黑区三田1-4-1THE WESTIN TOKYO 22F **⏰**11時30分～14時30分、17時30分～21時30分 **休**無休 **交**JR惠比壽站東口步行7分 **P**300輛（收費）**MAP**附錄P23A4

晚餐全餐12000日圓～有前菜、魚主菜、肉主菜、甜點、小點心、附咖啡或紅茶

★
可以看見這裡
東京鐵塔和彩虹大橋
所有座位都可以看到夜景，東京鐵塔尤其顯眼。也可以看見東京晴空塔。

汐留
そらしお

sorasio

在200公尺高空享受創意料理

可從46F的上空眺望東京灣夜景的觀景餐廳。以法國菜為基礎的無國界料理，採用每天早上由築地進貨的海鮮，每道菜色都展現了主廚嶄新的料理方式，相當受到歡迎。該餐廳也有可以俯瞰東京港的酒吧區，推薦在晚餐後前往。

☎03-6215-8055 **住**港区東新橋1-8-1 Caretta汐留46F **⏰**11時30分～15時（週六、日、假日11時～）、17～23時（週日、假日～22時30分）**休**無休 **交**JR新橋站汐留口步行5分 **P**150輛（收費）**MAP**附錄P21B2

晚間全餐5200日圓～（照片為範例）全餐附有搭配小點心的飲料

★
可以看見這裡
汐留的夜景
可以充分欣賞彩虹大橋等汐留的景色。可以看見海上的船隻的燈火，夜景相當浪漫。

每家店靠窗的座位都很受歡迎，有時候會沒位子，建議事先打電話詢問後再前往。

在時尚的酒吧
享受美酒×佳餚的結合

在飽覽東京美麗夜景的人氣酒吧，大啖美酒和佳餚。
這裡網羅了讓人有個難忘的夜晚、氣氛絕佳的地點。

新宿
京王プラザホテル ポールスター

京王廣場大飯店
Polestar

知名調酒師齊聚一堂
在老牌酒吧享受美好一晚

在調酒比賽中優勝、獲獎的調酒師
輩出的名門酒吧。可以喝到層次豐
富的絕佳風味。無酒精調酒的種類
也相當豐富，不擅長喝酒的人也能
安心品嘗。一面欣賞美麗的夕陽和
都心夜景，度過一段浪漫的時光。

☎03-3344-0111 住新宿区西新宿2-2-1
京王廣場大飯店本館45F ◐17～23時
LO 休無休 ✕JR新宿站西口步行5分
Ｐ509輛（收費）MAP附錄P15B3

每月更換的料理3道和飲料
1人3杯 2人12000日圓
包含主廚拿手的料理，以及可從調酒、
香檳、葡萄酒中選擇3杯喜愛的飲料

具有20年以上經
驗，也曾在大賽中
得獎的調酒師大堀
先生

除了吧台座位，也有寬敞的沙發座位
以翡冷翠為發想的時尚店內

銀座
イタリアンバール ラ ヴィオラ

Italian Bar
LA VIOLA

在具有傳統歷史的酒吧
大啖葡萄酒和料理

位於大正14年（1925）創業的三笠
會館本店1F的酒吧。由白天到黑
夜，以咖啡廳、葡萄酒吧的形式提
供服務。有多位具品酒師資格的店
員，可自在詢問葡萄酒的問題，也
是該店的一大魅力。比起桌席的
「Salon」，站著用餐的「Banco」
可以更平實的價格品嘗各種菜色。

☎03-3289-5673 住中央区銀座5-5-17
三笠會館本店1F ◐11時～22時30分LO
（週日、假日～22時LO。午餐～16時LO）
休不定休 ✕地下鐵銀座站B5出口步行2
分 Ｐ無 MAP附錄P11C2

品酒師堀內先生會
根據所點的料理推
薦搭配的葡萄酒、
或是搭配想喝的葡
萄酒來推薦料理

新鮮蔬菜熟沾醬 1200日圓／巴爾馬產
煙燻火腿 1200日圓／推薦葡萄酒單杯
700日圓～ ※此為Salon之價格
推薦料理和葡萄酒每個月會更換2次，
可以隨時造訪

基爾酒 1000日圓
青醬比薩 1000日圓
以白酒為基底的調酒等，酒的種類很豐
富。也可用餐

能一覽淺草寺夜景的
露天座位很受歡迎

設有矮桌和寬敞的沙發座位

調酒師松本先生能
調山啤酒、葡萄酒
調酒等種類豐富的
雞尾酒

在東京都内知名飯
店擔任調酒師長達
18年以上、也曾在
大賽中獲得優勝

蔬菜熱沾醬 1100日圓
牛肝菌野菇奶油筆管麵 1350日圓
生火腿羅勒比薩 1350日圓
考慮料理和酒的搭配而決定的菜色

淺草
ばーしす
BAR SIX

在露天座位獨享
古今江戸&東京的夜景

可以欣賞淺草寺和五重塔、寶藏
門、東京晴空塔夜景的隱密酒館。
滿月和櫻花盛開的時期，風景會更
加地夢幻。夏季時屋頂也會開放，
可以眺望更令人驚豔的景色。還可
以品嘗到相當講究食材的菜色。逛
完老街後想小酌一下的話，就到這
裡來吧。

☎03-5806-5106 ⬛台東区浅草2-34-3
Amuse Museum 6F ⬛18時～凌晨1時
30分LO ⬛週一 ⬛地下鐵淺草站6號出口
步行7分 ⬛無 MAP 附錄P6C2

澀谷
りびんぐ ばー
えむだぶりゅー とうきょー
Living Bar
M&W TOKYO

在大人的樂園裡
盡情享受獲獎的調酒

黑色基調、氛圍時髦的店内，是讓
人忘卻都會喧囂的沉穩空間。除了
酒的種類相當豐富，只要點自己喜
歡的酒或是顏色，實力派的老闆便
會調出專屬於客人自己的調酒，吸
引了許多粉絲。曾在大賽中得獎、
華麗的調酒共有9種之多，一定要
點看看。

☎03-6427-4880 ⬛渋谷区渋谷3-7-6第
6矢木ビルB1F ⬛18時～凌晨4時 ⬛不定
休 ⬛JR澀谷站東口步行3分 ⬛無 MAP
附錄P17B4

📖 如果有不明白的地方，就向調酒師或品酒師詢問，這也是酒吧的樂趣之一。

在東京香格里拉大酒店享用下午茶

在飯店度過優雅的午後時光

配合當季食材變換餐點。1人4699日圓（含稅、含13%服務費）。照片是2人份。有機的「東京香格里拉大酒店喜馬拉雅特調紅茶」最受歡迎

在 「東京香格里拉大酒店」28F的大堂酒廊，可以搭配紅茶品嘗輕食和點心的「下午茶」。紅茶是由世界各國的茶葉中精心挑選出的，餐點則是相當講究季節感。眺望著東京晴空塔，度過充滿幸福的時光。

享受美味的午茶時光

隨處裝飾著由花藝家Nicolai Bergmann所創作的花藝作品

東京站周邊

しゃんぐり・ら ほてる とうきょう ざ・ろびーらうんじ

東京香格里拉大酒店

位於28F的酒廊，三面設有窗戶，可以看見東京晴空塔等東京的景色。裝飾著水晶吊燈的優雅空間裡，除了下午茶，也能享受午餐和晚餐、酒吧時光。

☎03-6739-7888 **住**千代田区丸の内1-8-3丸之內TRUST TOWER本館28F **營**早餐10時～11時30分、午餐11時30分～13時30分、下午茶14時～17時30分（週六、日、假日13時30分～17時30分）、調酒17時30分～24時（週五・六、假日前日～凌晨1時）**休**無休 **交**JR東京站日本橋口步行1分 **P**64輛（收費）**MAP**附錄P18D2

套餐基本由4種甜點、3種司康、4種三明治和紅茶組成。用心製作的甜點看起來也很可愛

飯店自製的現烤司康，附上蜂蜜、季節果醬、凝脂奶油一同享用

在個性洋溢的
東京街區散步吧

今天要去哪裡、要做什麼呢？
繞上一圈觀光也好，大買特買也不錯。
即使是曾經去過的地方，
也因為東京不斷地進化，
一定會有令人為之雀躍的新發現。

重點看過來！

前去探訪可愛的熊貓

前往上野動物園參觀熊貓。熊貓商品也不容錯過。（☞P58）

許多可愛的伴手禮

重點看過來！

也很推薦美術館巡禮

上野恩賜公園裡有美術館和博物館，可以慢慢地鑑賞。（☞P60）

重點看過來！

前往淺草的象徵淺草寺參拜

從雷門進去，逛著熱鬧的仲見世通並參拜。（☞P52）

淺草、上野就在這裡！

充滿老街風情、東京觀光的熱門景點

淺草・上野
あさくさ・うえの

是這樣的地方

淺草是以淺草寺為中心發展、代表東京的觀光勝地。周邊有許多甜點和傳統工藝的名店。和淺草相同，生氣蓬勃的上野有美術館和動物園等眾多的景點。在鑑賞藝術作品和欣賞貓熊後，回去前別忘了順便去阿美橫丁（☞P51）逛逛。

access

●淺草		●上野	
東京站	羽田機場（國際線航站樓）	東京站	羽田機場（第2大樓站）
↓JR山手線	↓京濱急行線，地下鐵淺草線	↓JR山手線	↓東京單軌電車
神田站			濱松町站
↓地下鐵銀座線			↓JR山手線
淺草站	淺草站	上野站	上野站
需時17分車資310日圓	需時43分車資650日圓	需時7分車資160日圓	需時35分車資630日圓

※東京鐵道路線圖請參照附錄P30　廣域MAP　附錄P6-7

~淺草·上野　快速導覽MAP~

淺草·上野

漫步在
上野恩賜公園

動物園所在的上野恩
賜公園綠意盎然。
☎03-3828-5644

觀光的提要
利用熊貓巴士
觀光淺草

熊貓外型的可愛巴士。有繞行待
乳山聖天前和今戶神社的外環路
線，和行駛淺草寺的內環路線共
2種路線。

4 合羽橋道具街

2 六區百老匯

1 仲見世通（→P54）

3 阿美横丁

彌漫江戶風情的
傳法院通

連結淺草寺和六區
百老匯的道路，老
店林立。

淺草·上野的著名街道

1 仲見世通
なかみせどおり

雷門一路到寶藏門前，淺
草寺的參道。有甜點店和
日式雜貨店等約90家店
舖。**MAP** 附錄P6B2

2 六區百老匯
ろっくぶろーどうえい

過去戲劇小屋和劇場林立
的淺草六區。現在仍可以
見到演藝場，彌漫著華麗
的氛圍。**MAP** 附錄P6A2

3 阿美横丁
あめやよこちょう

JR上野站至御徒町站之間
約500公尺的距離中，有販
售鮮魚和化妝品等超過500
家的店舖。**MAP** 附錄P7B4

4 合羽橋道具街
かっぱばしどうぐがい

販售專業廚師愛用的廚具
的專賣店街。約800公尺
的道路上聚集了許多廚具
的商店。**MAP** 上圖

認真地參拜東京都內最古老的寺院——淺草寺

以「淺草觀音」等暱稱聞名，國內外的觀光客絡繹不絕的人氣寺院。
入口的雷門和參道的仲見世，無論何時來訪，都像是祭典一樣熱鬧不已。

かみなりもん
雷門 ❶

垂吊著重700公斤的大燈籠的山門，是象徵淺草的地標。雷門的正面右側安放著風神，左側則是雷神。

せんそうじ
● 淺草寺 ●

每年3000萬人次造訪的觀光勝地

相傳始於推古36年（628）安放聖觀世音菩薩時起，是東京首屈一指的古刹。包含元月的新年參拜、節分會和羽子板市等由江戶時代流傳下來的年間例行活動，至今仍吸引了許多人造訪。

☎03-3842-0181
🏠台東区浅草2-3-1　⏰💴休自由參觀
🚇地下鐵淺草站1號出口步行5分
🅿無 MAP附錄P6B2

淺草寺的遊逛法

逛上一圈約45分

❶ 雷門
▼
❷ 仲見世通
▼
❸ 寶藏門
▼
❹ 五重塔
▼
❺ 常香爐
▼
❻ 觀音堂(本堂)
▼
❼ 六角堂

夜晚的燈光也很漂亮

觀音堂（本堂）和高53公尺的五重塔，從日落～23時左右會打上燈光，彌漫著神秘的氛圍。

寶藏門和
晴空塔的組合
不容錯過

從淺草寺境內也看得見東京晴空塔®，還能和寶藏門一同入鏡。夜晚可以欣賞打上燈光的淺草寺和東京晴空塔，這也是淺草獨有的夜景。**MAP** 境內圖 ❸

なかみせどおり
仲見世通 ❷

日本最古老的商店街之一，由雷門延伸一路到寶藏門，約250公尺的參道。兩側販售人形燒和爆米香的商店林立。

● 詳情請見 ☞ **P54**

ほうぞうもん
寶藏門 ❸

門的左右安置著金剛力士像。門背面的左右，則垂吊著具有驅魔含意、重達500公斤的巨大草鞋。

ごじゅうのとう
五重塔 ❹

五重塔最初建立於天慶5年（942）。其後由德川家光在慶安元年（1648）加以重建。目前的塔則是昭和48年（1973）建造的。

淺草寺MAP

錢塚地藏
被官稻荷
六角堂 ❼
影向堂
觀音堂（本堂）❻
淺草神社
淡島堂
藥師堂
石碑群
迷子お知らせ石標
ハトポッポ歌碑
二天門
平和の時計
常香爐 ❺
❹ 五重塔
二尊佛
回遊式庭園
辨天堂
❸ 寶藏門
時の鐘
傳法院
❷ 仲見世通
鎮護堂
雷門通 ❶ 雷門 往淺草站 ➡

じょうこうろ
常香爐 ❺

位在本堂前，供奉著線香，據說將煙撥往身上不舒服的部位，就會獲得改善。總是有相當多人的熱鬧地點。

かんのんどう（ほんどう）
觀音堂（本堂）❻

本尊是聖觀世音菩薩，左右為梵天、帝釋天像，兩側則安奉著不動明王和愛染明王像。天花板上的龍之圖、天女散花圖也不容錯過。

ろっかくどう
六角堂 ❼

位於影向堂境內，在空襲時逃過一劫、建於室町時代（16世紀左右）的六角堂，是東京最古老的木造建築物。裡面供奉著地藏尊。

內含許多凶籤，傳說容易抽中凶籤的籤詩1次100日圓。搖籤筒後，按照出現的木棍上的號碼打開抽屜取籤。

充滿人情味的商店
在仲見世周邊悠閒散步

由雷門一路延伸的參道上，老字號的伴手禮商店和餐飲店一字排開。
感受江戶人的人情味，風雅地享受散步的樂趣。

創業以來不曾改變的好味道

③ 梅園 うめぞの

安政元年（1854）時
在淺草寺的別院（梅園
院）創業，是店名的由
來。受歡迎的白玉餡蜜
756日圓等也可以外帶。

☎03-3841-7580 住台東區浅草1-31-12
🕙10～20時 休每月2次週三不定休 交地
下鐵淺草站1號出口步行5分 P無 MAP
附錄P6B2

雅致的外觀。店
面販售的外帶餡
蜜保存期限2天

冰淇淋餡蜜
756日圓
紅豆餡和香草冰淇
淋，淋上濃濃的手
工黑蜜，相當受到
歡迎

浅草きびだんご
あづま
雷門柳小路
① 新仲見世
舟和 **②**
③

🏮 雷門

仲見世通

手燒きせんべい
壱番屋

木屐
12744日圓
講究好穿舒適
的鞋子

精選的時髦日式雜貨

① 粋れん すいれん

集結以東京為中心、日本全國
的行家所製作的日式雜貨。現
代風格的時尚木屐、和風花樣
的布製小物和飾品等，種類非
常豐富。

☎03-3843-5373 住台東區浅草
1-18-10 🕙10時30分～19時(10～
3月～18時) 休無休 交地下鐵淺草
站1號出口步行2分 P無 MAP附錄
P6B3

琉璃珠項鍊
3024日圓
創作家kukka製作的
美麗玻璃珠

充分展現出專家技藝的典雅商
品齊備

歌舞伎演員愛用

② 文扇堂 ぶんせんどう

明治23年（1890）創業，歷史
悠久的扇子店。從以竹子製作
扇子的骨架開始，都是行家手
工製作。歌舞伎演員和落語
家、舞妓等都十分愛用。

☎03-3841-0088 住台東區浅草
1-30-1 🕙10時30分～18時 休每月
20日後的過一 交地下鐵淺草站1號
出口步行5分 P無 MAP附錄P6B3

（上）手拿扇 手繪扇
1支8450日圓
（下）手拿扇 染扇
1支3630日圓
行家用心製作的手繪扇子、
以及以柿染反覆上色的染扇

除了扇子，還陳列著團扇
和舞妓等，相當的華麗

在懷舊咖啡廳
享用有著可愛
烙印的鬆餅

充滿懷舊氣息、居家氛圍的「珈琲天国」。現點現作麵糊，以銅板用心煎成的鬆軟鬆餅550日圓，堪稱絕品。

☎03-5828-0591 **MAP** 附錄P6B2

大排長龍的人氣美食

④ あさくさここのえ
浅草九重

隨時可以吃到現炸美味的炸饅頭專賣店。除了使用日本產紅豆的豆沙餡、抹茶和芝麻，還有奶油等共8種口味。

在店裡現炸，因此總是熱呼呼的

☎03-3841-9386 **住**台東區淺草2-3-1 **⏰**9時30分～19時 **休**無休 **交**地下鐵淺草站1號出口步行5分 **P**無 **MAP**附錄P6B2

炸饅頭
1個120日圓～
以精選的3種頂級油品炸到酥香。可從單個開始購買

江戶時代起受到喜愛的玩具

⑤ えどしゅみこがんぐ なかみせ すけろく
江戶趣味小玩具 仲見世 助六

慶應2年（1866）創業的江戶小玩具專賣店。小到可以放在掌心上的小玩具，其精巧的工藝令人讚嘆不已，相當受到好評。

店內擺滿師傅的手工商品

☎03-3844-0577 **住**台東區淺草2-3-1 **⏰**10～18時 **休**無休 **交**地下鐵淺草站1號出口步行5分 **P**無 **MAP**附錄P6B2

江戶張子
戴著竹籃的狗
3800日圓
戴著「竹」籃的「犬」成為「笑」的吉祥物

木雕酸漿果吊飾
1800日圓
和實物相似度極高的木雕酸漿果。用來去除病痛

傳法院通

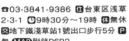
● くるり淺草店

④ ⑤ ⑥

寶藏門

人形燒 14個袋 化妝袋
1200日圓
細緻扎實的外皮和甜得恰到好處的內餡相當搭配

歡迎來到淺草

招牌的淺草伴手禮

⑥ きむらやほんてん
木村家本店

明治元年（1868）年創業、淺草最早的人形燒店。想出五重塔和雷神等與淺草相關的造型的也是這家店。人形燒從4個300日圓開始販售。

☎03-3841-7055 **住**台東區淺草2-3-1 **⏰**9～18時 **休**不定休 **交**地下鐵淺草站1號出口步行5分 **P**無 **MAP**附錄P6B2

在店門前製作人形燒，彌漫著誘人的香氣

📖 仲見世通上約有90家的商店。小路裡也有許多店面，不妨到處走走看看。

淺草老店世代傳承
講究的江戶前是什麼風味？

不只是上流社會，江戶時代平民的飲食文化也相當豐富。
了解江戶前風味後，一同造訪守護傳統美味的名店吧。

Q 江戶前是？

「江戶前」的原意是江戶城的前面，指的是從羽田海岸到江戶川河口周邊的沿岸區，以及在那裡捕撈到的海鮮。此外，料理方式和風味符合江戶作法的稱為江戶前。

Q 代表江戶前的美食是什麼？

江戶前的代名詞，那就是在江戶時代後期發展出的「江戶前壽司」。還有江戶前期起常見的天麩羅、中期至後期間風行的鰻魚等都相當出名。此外，寬永年間（1624～1644）左右開始在淺草寺傳法院前販售的蕎麥麵也是江戶前美食之一。

Q 現在也嘗得到江戶前嗎？

以老街為中心，有多家能品嘗江戶前風味的店家，其中也有許多平易近人的店家。除了江戶時代延續至今的店家，明治時代創業的店家中，也有供應江戶前風味的店。感受歷史風情的同時，享受吃遍江戶前的樂趣。

● 壽司 ●

華麗的江戶前壽司

文政10年（1827）時，相對於箱壽司，華屋與平想出了握壽司。在缺乏運送方法的年代，為提高保存性、呈現美味狀態，對食材進行事先的處理。江戶前壽司注重醋飯、新鮮山葵、依據魚種調理的壽司魚料、壽司醬油等4者的比例。魚料則以蝦、星鰻、沙鮻、赤鯮為代表食材。

● 鰻魚 ●

鬆軟美味

江戶中期，平賀源內以其具有滋養強身的功效加以推廣，在庶民之間鰻魚也變得常見起來。在當時使用的是流經江戶城前的河川裡捕獲的鰻魚。由於江戶是武士之城，從魚腹切開會令人聯想到切腹，所以一般都由背部切開。此外先蒸過再烤也是江戶獨有的調理法。

● 天麩羅 ●

酥脆香氣逼人

江戶時代中期以攤販為主，站著吃現炸天麩羅的方式為主流。在以前，江戶近海捕獲的星鰻和沙蝦、貝柱等，以麻油炸到香脆的食物被稱為江戶前。

參考文獻：《たべもの日本史》多田鐵之助 著 新人物往來社／《江戶川柳飲食事典》渡邊信一郎著 平文社

江戶時代起備受喜愛的江戶前壽司小知識

光是準備一項材料就要花上許多時間的江戶前壽司。向現在仍繼承江戶前的技法、弁天山美家古寿司老闆內田先生請教料理方式。

弁天山美家古寿司
第五代 內田正先生

繼承老字號店鋪，守護江戶前壽司傳統的壽司師傅

最後以刷毛塗上醬汁

醬汁指的是星鰻和花枝熬煮成的醬，是146年來不斷添加補充的珍貴醬汁

小窩斑鰶

剖開魚後灑上鹽巴。之後以水和醋清洗，再浸泡在醋裡。約3天後即可上桌。※將魚排在竹簾上再灑上鹽巴。根據魚肉的厚度調整鹽巴的量

煮花枝

將花枝洗乾淨後，加入薄醬油、砂糖、醋，蓋上蓋子悶煮。這種煮法稱為爽煮。

星鰻

特色是肉白有彈性。和煮花枝一樣，採用爽煮。

沙鮻

灑上鹽巴、以水清洗後，再以水醋各半混合後清洗。上桌前再用醋漬一下，最後再拭去多餘的醋。

蝦子

將帶殼的蝦子筆直串起，以鹽水川燙後浸泡冰水。取下竹籤後剝殼、灑鹽、再浸泡進甜醋中。

煎蛋

將沙蝦搗碎，加入鹽和砂糖，再加入味醂和酒打散。打入雞蛋，以濃口醬油和薄鹽醬油調味後，用慢火煎。

鮪魚

切片後淋上熱水，使脂肪凝結。浸泡在壽司醬油※中。※混合柴魚片和昆布的高湯、味醂、濃口醬油和薄鹽醬油等煮製的醬汁

《可以品嘗到江戶前的名店》

べんてんやまみやこずし
弁天山美家古寿司

堅守古典技法的老店

慶應2年（1866）創業。材料以醋浸泡、或是包昆布醃漬等，相當費時費工。不沾醬油，更能享受材料和醋飯的多層次美味。

☎03-3844-0034 住台東區淺草2-1-16 ⏰11時30分～14時LO、17～21時LO 休週一、第3週日 交地下鐵淺草站7號出口步行3分 P無 MAP附錄P6C2

A歌舞伎演員和落語家等名人也經常光顧 B御壽司全餐5940日圓～

うなぎ こまがた まえかわ
鰻 駒形 前川

饕客也常光顧的鰻魚料理名店

文化・文政時期（1804～1830）創業。使用沒有腥味、肉質鬆軟為特色的鰻魚，作出的鰻魚飯堪稱絕品。自製醬汁只使用醬油和味醂，風味清爽。

☎03-3841-6314 住台東區駒形2-1-29 ⏰11時30分～20時30分LO 休無休 交地下鐵淺草站A2出口步行1分 P2輛 MAP附錄P6B4

A 從店內可以看見東京晴空塔® B鰻魚飯4212日圓

かみなりもん さんさだ
雷門 三定

在淺草品嘗風味豐富的天麩羅

天保8年（1837）創業的老字號天麩羅店。以麻油炸出的天麩羅特色是香味濃郁、重量輕。甘甜的特製天麩羅沾醬也是一絕。天丼上1820日圓（P56照片）相當受歡迎。

☎03-3841-3400 住台東區淺草1-2-2 ⏰11時30分～21時30分 休不定休（每年2次）交地下鐵淺草站1號出口即到 P無 MAP附錄P6B3

A茶室風格的木造建築，瀰漫江戶風情的本館 B天麩羅1700日圓

上野動物園的療癒系「動物偶像」
和可愛的熊貓相見歡

2011年2月來到日本的熊貓，至今前來參觀的人潮仍是絡繹不絕。
可愛動作讓人感覺被療癒，也別忘了熊貓相關商品。

可愛的大熊貓看板

喀滋喀滋

伸屋伸展

力力♂

真真♀

❶真真（雌）和力力
（雄）2隻熊貓。真真
正在吃飯 ❷真真有時
會一邊睡覺一邊吃飯
❸活力十足的力力在
戶外展示室的運動空
間裡

丸子的材料有玉米
粉、大豆粉、米粉、
生蛋、砂糖、鹽

🍴 飲食check

力力和真真的主食除了竹子，還
有上方照片中特別為熊貓製作的
熊貓丸子。1天當中有數次用餐時
間。

在日本代表性的動物園
參觀最受歡迎的熊貓！

おんしうえのどうぶつえん
恩賜上野動物園

動物的種類是日本No.1
日本第一的動物園

明治15年（1882）開園、日本第一間動物
園。園內分為東園和西園，飼養約450
種、3000隻的動物。昭和47年（1972）熊
貓從中國引進動物園後，這裡便以有熊貓
的動物園而聞名。在園內參觀時，推薦租
借可聽到飼育員私房情報的行動導覽機
（免費）。

☎03-3828-5171 ⓗ台東區上野公園9-83 ⓨ入
園600日圓 ⓣ9時30分～16時截止入園 ⓗ週一
（逢假日則翌日休、有臨時開園）ⓡJR上野站公園
口步行5分 ⓟ無 ⓜMAP附錄P7B2

※導覽機可在東園的綜合詢問處1F和西園的池之端門前租借處租借

在上野站購買最適合當作伴手禮的熊貓甜點

位在上野車站大樓內ecute上野的甜點店「銀座ブールミッシュ」售有熊貓馬卡龍。5個裝1080日圓，還附有可愛熊貓圖案包裝。

☎03-5826-5644　**MAP**附錄P7C3

東園食堂
ひがしえんしょくどう　【動物園內】

午餐也是熊貓

販售以熊貓為發想的便當和烏龍麵、甜點等。附設的東食商店的竹皮熊貓便當可以外帶，在園內的椅子上吃也不錯。

⏰休 準同恩賜上野動物園

竹皮熊貓便當
580日圓
2種顏色的糯米，配上雞肉和香菇、黑豆等裝飾

小熊貓鬆餅
450日圓
上面有香草冰淇淋和巧克力醬

リトルトランク
りとるとらんく　【動物園內】

熊貓商品豐富的禮品店

位於熊貓館正面的伴手禮商店。販售玩偶、點心和雜貨、文具等各種動物的商品。

⏰休 準同恩賜上野動物園

熊貓罐裝小餅乾
650日圓
裝在可愛熊貓親子罐子內的餅乾。罐子可以收納小東西

心型熊貓情侶相框
1995日圓
熊貓加上愛心相當可愛。可以擺放最珍貴的照片

有機熊貓玩偶
S尺寸3990日圓
L尺寸6825日圓
以日本的有機棉製作，觸感相當柔和

桜木亭 パンダ支店
さくらぎてい ばんだしてん　【動物園前】

可愛的熊貓人形燒

正門左手邊、以熊貓燒受到好評的商店。熊貓形狀的人形燒中，裝滿微甜的內餡。現場販售時可以吃到現作的人形燒。櫻花形狀的熊貓肚臍也相當吸睛。

☎03-3824-2006　⊕台東區上野公園9-84　⏰10～17時　休準同恩賜上野動物園　🚉JR上野站公園口步行5分　🅿無　**MAP**附錄P7B2

熊貓燒
6個510日圓～
簡單又有著懷念風味的人形燒。是來到動物園必吃的招牌點心

彌漫著昭和氛圍的懷舊店面

在正門前的郵筒寄信！

在動物園購買的明信片，寫上內容後，投進正門的熊貓郵筒。會蓋上有著熊貓和西鄉隆盛圖案、充滿上野風情的郵戳。

 如果要看熊貓，最好鎖定剛開園後的時間。或是在吃飯時間前到現場，也許有機會看到在小屋中來回走動、充滿活力的熊貓。

在綠意盎然的上野恩賜公園享受鑑賞博物館的樂趣

在上野動物園所在的公園內度過學術性的一天。
展示著刊載在課本上的知名繪畫和雕刻作品。

©VOCA2011

1 與咖啡廳位在同一場所的美術館商店 **2** 各種時尚的鉛筆151日圓～ **3** 1993年進行裝修，成為了現代的外觀 **4** 美術館自製便籤380日圓 **5** 展示室根據企畫內容有著不同的氛圍

1 本館本身是重要文化財 **2** 種類豐富的博物館商店 **3** 考古學迷你扭蛋公仔第一集 各400日圓 **4** 本館的大階梯 **5** 重要文化財 傳源賴朝坐像13～14世紀 **6** 導覽行程的模樣

鑑賞新銳年輕作家的作品

うえののもりびじゅつかん
上野之森美術館

舉辦以進入畫壇的成名關鍵聞名的「上野之森美術館大賞展」、「VOCA展」等的美術館。展示現代美術作家的作品，從漫畫到重要文化財的公開展示等，經常舉辦充滿話題性的企畫展。館內附設咖啡廳。

☎03-3833-4191 🏠台東区上野公園1-2 🚹視企畫展而異 🕙10時～16時30分 🈺不定休 🚇JR上野站公園口步行3分 🅿 無 **MAP** 附錄P7B3

欲了解日本之美就到這裡

とうきょうこくりつはくぶつかん
東京國立博物館

明治5年（1872）創立，日本最古老的博物館。館內不只是日本，還收藏了亞洲各地的美術品、歷史資料等共11萬件以上。本館1F的博物館商店裡，隨時都有超過2000件以上的商品。

☎03-5777-8600（Hello Dial語音服務）🏠台東区上野公園13-9 🚹入館620日圓（特別展另計）🕙9時30分～16時30分截止入館（視時期變動）🈺週一（逢假日則翌日週二）🚇JR上野站公園口步行10分 🅿 無 **MAP** 附錄P7C1

網羅童書的絕佳圖書館

在「國立國會圖書館國際兒童書館」可以閱讀日本國內外出版的繪本等童書。融合文藝復興樣式的明治時期西洋風格建築也是重點之一。☎03-3827-2053 **MAP** 附錄 P7B1

※目前擴建施工中（館內可利用）。預計2015年完工

1 柯比意設計的本館 2 約90種類的明信片90日圓～等商品種類豐富 3 莫內「小船上」 4 雷諾瓦「穿外國服的巴黎人」 5 羅丹「地獄門」 ©上野則宏
所有作品／國立西洋美術館／松方コレクション

1 都是值得一看的展出 2 外面有鯨魚迎賓 3 商店販售的恐龍商品2730日圓～可當作伴手禮 4 也可購得化石標本525日圓～ 5 能感覺到歷史的沉穩外觀

收藏羅丹和莫內的代表作

こくりつせいようびじゅつかん
國立西洋美術館

收藏中世紀末期到20世紀初期的近代歐洲繪畫、版畫、雕刻。羅丹的收藏品是世界數一數二的，網羅「沉思者」等幾乎可說中後期的所有代表作。新館則展示近代繪畫。

☎03-5777-8600（Hello Dial語音服務）住台東区上野公園7-7 ¥入館430日圓（企劃展另計）◯9時30分～17時截止入館（週五～19時30分截止入館）休週一（逢假日則翌日休）交JR上野站公園口步行1分 P無 **MAP** 附錄P7C2

大型化石等充滿震撼力的展出讓人吃驚

こくりつかがくはくぶつかん
國立科學博物館

明治10年（1877）創立、最具歷史的科學博物館。保管超過400萬件以上的收藏品，有古代生物標本的「地球館」和可以了解日本列島生成過程的「日本館」，都有著豐富的展出內容。商店裡也有許多獨特的商品。

☎03-5777-8600（Hello Dial語音服務）住台東区上野公園7-20 ¥入館620日圓（特別展另計）◯9時～16時30分截止入館（週五～19時30分截止入館）休週一（逢假日則翌日休）交JR上野站公園口步行5分 P無 **MAP** 附錄P7C2

「東京國立博物館」有時會舉辦導覽行程（限當日報名）。會仔細解說展出品和建築物。

不妨到這裡走走！

淺草・上野的推薦景點

あさくさえんげいほーる
🎭 淺草演藝廳

娛樂性豐富的演出充滿魅力

落語的定席之一，除了落語還有相聲、魔術、雜技等，1日約有40組的表演。淺草唯一的定席，日場、夜場都可以欣賞，所有座位都是自由的。門票無法預約，請直接前往。

DATA ☎03-3841-6545 🏠台東区浅草1-43-12 ￥入館2800日圓 🕐日場11時40分～16時30分、夜場16時40分～21時 🈺無休 🚇地下鐵淺草站6號出口步行6分 🅿無 **MAP** 附錄P6A2

ゆしまてんまんぐう
⛩ 湯島天滿宮

江戶時代便為人熟知的賞梅名勝

相傳建於雄略天皇2年（458），代表東京的天滿宮。祭祀著名的學問之神菅原道真，每到考試季節就會有許多人來此參拜，別名「湯島天神」也為人熟知。刻有「自信來自於努力」格言的金榜題名鉛筆600日圓（1打）相當受到歡迎。此外，江戶時代起便是知名的賞梅勝地，境內多處可見梅花的圖案。裝飾著梅花的「幸福御守」700日圓小巧可愛，適合作為伴手禮。每年2月初～3月初會舉辦梅花祭，可以欣賞境內300株梅花盛開的美麗風景。這裡也是泉鏡花創作的「婦系圖」的背景舞台，因此立有新派的紀念碑和鏡花的筆塚。

DATA ☎03-3836-0753 🏠文京区湯島3-30-1 ￥免費參拜（寶物殿500日圓）🕐6～20時（寶物殿9時～16時30分截止入館）🈺無休 🚇地下鐵湯島站3號出口步行2分 🅿無 **MAP** 附錄P7A4

全檜木建造的美麗本殿

あさくさもくばかん たいしゅうげきじょう
🎭 淺草木馬館 大眾劇場

一直深受人們喜愛的大眾劇場

可以觀賞以武打戲聞名的大眾演劇，是為數不多的戲劇小屋之一。1日演出2次，聚集了來自日本各地喜愛大眾演劇的觀眾。座位可以事先預約。劇場前一字排開的花圈是醒目的招牌。

DATA ☎03-3842-0709 🏠台東区浅草2-7-5 ￥入館1600日圓 🕐日場12時～15時30分、夜場17時～20時30分 🈺不定休 🚇地下鐵淺草站1號出口步行10分 🅿無 **MAP** 附錄P6B2

あさくさはなやしき
🎵 淺草花屋敷

彌漫懷舊氛圍的復古遊樂園

創業於嘉永6年（1853），日本最古老的遊樂園。在19個遊樂設施中，最受歡迎的是可以一覽淺草的蜜蜂塔。日本現有最早的雲霄飛車也很推薦。

DATA ☎03-3842-8780 🏠台東区浅草2-28-1 ￥入園1000日圓、FREE PASS 2300日圓（入園費另計）🕐10～18時（視季節、天候而異）🈺維修休園日（需洽詢）🚇地下鐵淺草站6號出口步行5分 🅿無 **MAP** 附錄P6B1

ありぞなきっちん
🍴 アリゾナキッチン

品嘗受到昭和文豪喜愛的名店風味

昭和24年（1949）開幕、作家永井荷風也著迷於其風味的老字號洋食店。自豪的燉牛肉2310日圓（照片）、招牌菜色的燉煮雞肉和雞肝1365日圓，風味從開幕至今不曾改變。

DATA ☎03-3843-4932 🏠台東区浅草1-34-2 🕐11時30分～14時30分LO、17時～21時15分LO 🈺週一 🚇地下鐵淺草站6號出口步行1分 🅿無 **MAP** 附錄P6C3

きゅういわさきていていえん
🏛 舊岩崎邸庭園

代表近代日本的知名建築

建於明治29年（1896）、三菱創業者岩崎家的自宅。由打造鹿鳴館的建築師Josiah Conder設計，巧奪天工的洋館、和館、撞球室等，都相當值得一看。

DATA ☎03-3823-8340 🏠台東区池之端1-3-45 ￥入園400日圓 🕐9時～16時30分截止入園 🈺無休 🚇地下鐵湯島站1號出口步行3分 🅿無 **MAP** 附錄P7A4

あさくさむぎとろほんてん
🍴 浅草むぎとろ本店

想吃麥飯山藥泥料理就來這裡！

創業於昭和4年（1929）、山藥泥懷石料理的老店。受歡迎的「盡情享用山藥泥」1000日圓，山藥泥和麥飯、每天更換的2種配菜、味噌湯等，以自助吧的形式無限量供應（僅限平日）。山藥泥伴手禮540日圓也別忘了看看。

DATA ☎03-3842-1066 🏠台東区雷門2-2-4 🕐11～21時（吃到飽僅限平日11時～13時45分）🈺無休 🚇地下鐵淺草站A3出口即到 🅿無 **MAP** 附錄P6B4

ようしょくよしかみ
🍴 洋食ヨシカミ

淺草老街上源自昭和的洋食店

昭和26年（1951）開業、以「太好吃了真對不起！」廣告詞為人熟知的店家。可以品嘗到以酒和醬油提味的洋食。招牌菜色的燉牛五花肉2450日圓和蛋包飯1300日圓等一定要試試看！

DATA ☎03-3841-1802 🏠台東区浅草1-41-4 🕐11時45分～22時LO 🈺週四（逢假日則營業）🚇地下鐵淺草站6號出口步行5分 🅿無 **MAP** 附錄P6A2

上野精養軒 カフェラン ランドーレ
うえのせいようけん かふぇらん らんどーれ

觀賞不忍池的絕景餐廳

明治5年（1872）創業的老店。在可以眺望不忍池、充滿開放感的店內，品嘗傳統洋食。傳統的牛肉飯1450日圓，是受到明治文豪夏目漱石和森鷗外等人喜愛的知名菜色也。

DATA ☎03-3821-2181 住台東區上野公園4-58 ●10～19時（餐飲11時～）休無休 交JR上野站公園口步行5分 P無 MAP附錄P7B2

あんみつ みはし
あんみつ みはし

使用嚴選素材的絕品餡蜜

昭和23年（1948）開業、代表上野的甜點店。使用十勝紅豆的餡、加了伊豆群島天草的寒天、沖繩黑糖的黑蜜等，只採用精選的食材。著名的白玉奶油餡蜜680日圓一定要嚐嚐看。

DATA ☎03-3831-0384 住台東區上野4-9-7 ●10時30分～21時LO 休不定休 交JR上野站不忍口步行3分 P無 MAP附錄P7B3

べんがら
べんがら

販售淺草風情的典雅門簾

網羅約400種類的門簾專賣店。原創門簾可從1幅開始訂做（價格需洽詢）。還有古典圖案的包袱巾2900日圓。。使用古布手工製作的袋子和日式小物、日式圖案的髮飾840日圓等，有各種的原創商品。

DATA ☎03-3841-6613 住台東區浅草1-35-6 ●10～18時 休第3週四 交地下鐵浅草站1號出口步行3分 P無 MAP附錄P6B2

Angelus
アンヂェラス

彌漫昭和時髦氛圍的老牌咖啡廳

昭和21年（1946）年開業、冰滴咖啡的創始店。同時因池波正太郎等許多文化人經常光顧而為人熟知。照片裡可愛的小蛋糕捲「Angelus」330日圓，是自創業以來的招牌商品。也非常適合當作伴手禮。

DATA ☎03-3841-9761 住台東區浅草1-17-6 ●10～21時 休週一 交地下鐵浅草站1號出口步行5分 P無 MAP附錄P6B3

大倉飯店 花園陽臺餐廳
ホテルオークラ ガーデンテラス

參觀博物館後好好休息一下

附設於東京國立博物館法隆寺寶物館的咖啡餐廳。可以品嘗到配合特別展推出的限定菜色和甜點。

DATA ☎03-5777-8600(Hello Dial語音服務) 住台東區上野公園13-9 東京國立博物館 法隆寺寶物館1F ●10時30分～16時20分LO（視博物館的閉館時間而異）休準同東京國立博物館 交JR上野站公園口步行10分 P無 MAP附錄P7B1

東京都美術館 美術館商店
とうきょうとびじゅつかんみゅーじあむしょっぷ

各種貼近生活的藝術商品

舉辦各式各樣的展覽會、以「通往藝術的入口」為目標的美術館商店。販售以時尚風格詮釋的傳統工藝品和原創素描本540日圓等商品。

DATA ☎03-5685-9110 住台東區上野公園8-36 ●9時30分～17時30分 休第1、3週一（逢假日、補假則翌日休）交JR上野站公園口步行7分 P無 MAP附錄P7B2

舟和本店
ふなわほんてん

以蜜豆創始店聞名的和子店

明治35年（1902）創業。翌年開設「みつ豆ホール」，開始販售角寒天和甘煮杏等高級蜜豆。抹茶餡蜜850日圓，寒天、餡、蜜都是抹茶口味，對於喜愛抹茶的人來說是無法抗拒的逸品。

DATA ☎03-3842-2781 住台東區浅草1-22-10 ●10時30分～18時30分LO（週六・日為10時～19時LO）休無休 交地下鐵浅草站1號出口步行5分 P無 MAP附錄P6B3

てぬぐいのふじ屋
てぬぐいのふじや

充滿江戶風情的手巾店

四季花卉和日式圖案等，傳統卻昌原創設計的手巾870日圓、網羅200種以上的專賣店。放入畫框當作裝飾也是由這間店創始的。以手巾製作的小物也很豐富，可放手機和數位相機的包包也相當推薦。

DATA ☎03-3841-2283 住台東區浅草2-2-15 ●10～18時 休週四 交地下鐵浅草站1號出口步行3分 P無 MAP附錄P6B2

神谷バー
かみやばー

吾妻橋下的庶民社交場所

明治13年（1880）創業，日本最早的酒吧。第一代老闆研發、以白蘭地為基底的調酒Denki Bran 270日圓，自明治15年（1882）推出以來就是淺草人氣不墜的招牌商品。充分遊覽東京後，不妨前往一遊。

DATA ☎03-3841-5400 住台東區浅草1-1-1 ●11時30分～22時 休週二 交地下鐵浅草站3號出口即到 P無 MAP附錄P6C3

淺草是人潮絡繹不絕的人氣觀光景點。因東京晴空塔的開幕，誕生出許多相關美食和商品。

老街的人情味和藝術氛圍濃厚
在谷根千悠閒散步

上野搭乘電車3分

谷根千指的是可以感受到東京老街風情的谷中、根津、千駄木等地區。
這裡有許多和風小物和手工藝雜貨店、咖啡廳和美術館等，是相當適合散步的地方。

谷根千是什麼樣的地方呢？

從老店到年輕創作者經營的雜貨店等，新舊店家融匯的城區。谷中靈園是橫山大觀等名人長眠之地，千駄木則是川端康成和夏目漱石等文人居住過的地方。

交通 上野站搭乘往JR山手線池袋方面，日暮里站下車3分。130日圓
散步時間 約3小時

1 在有簷廊的咖啡廳眺望著庭園放鬆（カフェド ふるかわ） 2 爬上階梯後便是日暮里站（夕陽階梯） 3 陳列著長年受到喜愛的民藝品（いせ辰）

ゆうやけだんだん
夕陽階梯

START!

落日極美的城市地標

位於谷中銀座商店街深處的大階梯、經常作為外景地的熱門景點。名稱來自於日落時可以看見美麗的夕陽。這裡也是知名的貓咪聚集地。

住 荒川区西日暮里 **交** JR日暮里站西口步行5分 **P** 無 **MAP** 附錄P22B1

別具風情

步行1分

立有樸素的木頭看板。走上階梯後即可抵達日暮里站

步行8分

煎餅 1片55日圓～
口味豐富的煎餅，有醬油、甜味、茶、辣椒等4種

きくみせんべいそうほんてん
菊見せんべい総本店

谷根千地位穩固的招牌點心

明治8年（1875）創業、受到當地喜愛的煎餅店。據說夏目漱石也曾品嘗過、有著罕見四角形狀的煎餅，風味不曾改變。全部皆為手工製作，東京人喜愛的偏硬口感，一吃就上癮。

別具意趣的瓦片屋頂。從大正時代用到現在的展示櫃也充滿風情

☎ 03-3821-1215 **住** 文京区千駄木3-37-16 **⏰** 10～19時 **休** 週一 **交** 地下鐵千駄木站1號出口步行2分 **P** 無
MAP 附錄P22B2

鑑賞一下
明治、大正、昭和的
浪漫派作品吧

蒐羅大正浪漫的插畫家高 華宵作品的「彌生美術館」，收藏展示著明治、大正、昭和的插畫家作品。附設有竹久夢二美術館。☎03-3812-0012 **MAP** 附錄P22A4

展示櫥窗裡有色彩繽紛的和風小物

1 坐鎮於境內西側的乙女稻荷 2 國家指定的重要文化財，紅色的唐門相當吸睛

步行
10分

🛍 いせ辰 谷中本店
いせたつ やなかほんてん

華麗又高品質的千代紙專賣店

元治元年（1864）創業的江戶千代紙商店。以傳統工法製作、圖案美麗的千代紙1張162日圓～，款式多達100種以上。推薦可以作為書衣和午餐墊使用。

☎03-3823-1453 🏠台東區谷中2-18-9 🕐10～18時 🈺無休 🚇地下鐵千駄木站1號出口步行4分 🅿無 **MAP** 附錄P22B2

方型千代紙
810日圓
春天的櫻花和山茶花、夏天的菖蒲和燕子等，各種充滿季節感的圖案

雙面束口袋
864日圓
表面和內裡都可以使用的束口袋。露出表面圖案的綁法也很可愛

⛩ 根津神社
ねづじんじゃ

參拜保留著莊嚴社殿的神社

相傳由日本武尊創立、號稱有1900多年歷史的神社。社殿和7棟建築都被指定為國家的重要文化財。每年4月中旬～下旬約3000株的杜鵑花將境內染上鮮艷的色彩。

☎03-3822-0753 🏠文京區根津1-28-9 🕐6～17時（視時期而異）🈺無休 🚇地下鐵根津站1號出口步行5分 🅿無 **MAP** 附錄P22A3

步行
10分

GOAL!

☕ カフェ ド ふるかわ
かふぇ ど ふるかわ

在風雅的老民宅度過幸福時光

以75年歷史、有簷廊的老民宅經營的咖啡廳。平日是餐廳，但每逢週日會搖身一變成為可以悠閒享受的茶房。手工蛋糕很質樸，有著簡單溫和的風味。推薦從簷廊眺望庭園。

☎03-3821-9787 🏠台東區池之端4-15-7 🕐12時30分～17時 🈺僅週日營業（需電話確認）🚇地下鐵根津站2號出口步行5分 🅿無 **MAP** 附錄P22B4

1 周圍有許多老建築，位於寧靜住宅區的隱密咖啡廳 2 加了無花果的巧克力蛋糕和咖啡的套餐1000日圓

📖 由谷中通往根津的「蛇道」上，有許多充滿獨創性的雜貨店和咖啡廳。

重點看過來！
逛一圈
表參道之丘
欣賞建築的同時，逛逛感興趣的服飾店和雜貨店吧！（☞P70）

重點看過來！
在東急PLAZA
充分享受購物樂趣
東急PLAZA 表參道原宿裡有許多首次進駐日本的品牌，絕對可以買得開心。（☞P68）

重點看過來！
品嘗人氣咖啡廳的
絕品甜點
鬆餅和聖代、巧克力等，廣受好評的甜點一定要嘗嘗看。（☞P74）

集結話題性商店、走在流行最前端的街區

表參道・原宿

おもてさんどう・はらじゅく

平日也大排長龍的Egg'n Things的鬆餅

表參道・原宿
就在這裡！

山手線		銀座線	淺草
池袋			
新宿	上野		
原宿	秋葉原		
中央線	半藏門線	新橋	押上（東京晴空塔前）
澀谷	東京		東京晴空塔
惠比壽	品川	淺草線	
表參道			

是這樣的地方

從流行服飾和雜貨、到咖啡廳、甜點，這裡集結了電視上的話題店家和人氣商店。表參道的特色是有許多高級名牌店、而原宿則是有很多快速時尚的服飾店。除了2012年開幕的東急PLAZA 表參道原宿，還有表參道之丘、Laforet原宿等多元商店進駐的購物大樓。

a c c e s s

東京站	羽田機場（國際線航站樓）
	京濱急行線
JR山手線	品川站
	JR山手線
原宿站	原宿站
需時24分 車資200日圓	需時38分 車資580日圓

※東京鐵道路線圖請參照附錄P30 廣域MAP附錄P8-9

~表參道‧原宿　快速導覽MAP~

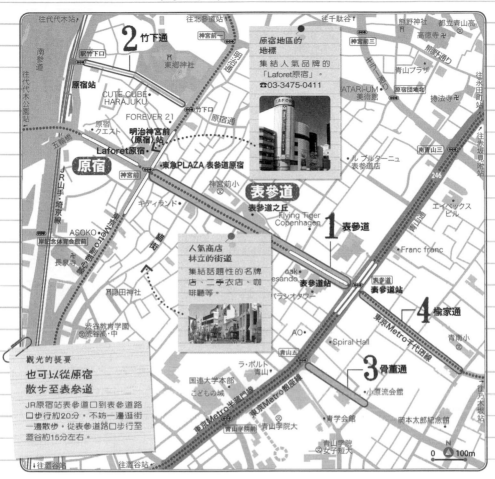

原宿地區的地標
集結人氣品牌的「Laforet原宿」。
☎03-3475-0411

人氣商店林立的街道
集結話題性的名牌店、二手衣店、咖啡廳等。

觀光的提要

也可以從原宿散步至表參道

JR原宿站表參道口到表參道路口步行約20分。不妨一邊逛街一邊散步。從表參道路口步行至澀谷約15分左右。

0　　100m

表參道‧原宿的人氣街道

1　表參道
おもてさんどう

欅木林蔭大道旁有許多名牌店，是代表東京的街道之一。
MAP 附錄P9B3〜C3

2　竹下通
たけしたどおり

從原宿站竹下口到明治通之間，商店雲集、很受年輕人喜愛的街道。
MAP 附錄P9B2

3　骨董通
こっとうどおり

過去有許多骨董店，因而得名。現在則有許多服飾店和餐廳。
MAP 附錄P8D4

4　楡家通
にれけどおり

該街道可說是名牌大街的先驅。有PRADA等名牌店的大樓。
MAP 附錄P8D4

集結最新潮流
前往東急PLAZA 表參道原宿

歡迎光臨♥

想要在表參道、原宿購物的話，就前往位於神宮前十字路口的次世代地標吧。
集結了人氣休閒餐廳「bills」等嚴選的27間店舖。千萬不要錯過！

3F有木製擺飾

とうきゅうぷらざ おもてさんどうはらじゅく

東急PLAZA 表參道原宿
集結受到矚目的商店
表參道・原宿的新面孔！

2012年開幕，六角形外觀非常個性化的時尚大樓。從地下1F～地上7F共有日本國內外的27間人氣商店。首次進駐日本的「AMERICAN EAGLE OUTFITTERS」等，有許多受到矚目的品牌。6F是充滿綠意的休息區「表原之森」，可在此稍作休息後再逛逛館內。

☎03-3497-0418 住渋谷區神宮前4-30-3
時11～21時(6・7F為8時30分～23時) 休無休 交地下鐵明治神宮前(原宿)站5號出口步行1分 P42輛(收費) MAP附錄P9B2

7F	休閒餐廳
6F	
5F	表原之森、咖啡廳
4F	
3F	購物空間 OMOHARA Terrace
2F	
1F	
B1F	

❶特別設計了比一般商業設施更多的窗戶，可以感受到這裡特有的風景、空間、自然 ❷可以欣賞表參道、原宿景色的「OMOHARA Cafe」❸座位前方有50種以上的野草 ❹「表原之森」中色彩繽紛的椅子

※照片中的椅子無法入座

仔細品味由建築師
中村拓志設計的獨特建築！

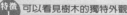

●中村拓志(なかむら・ひろし)
建築師。1974年生。離開隈研吾建築都市設計事務所後，設立了NAP建築設計事務所。曾榮獲許多日本國內外的建築獎，一舉一動受到全世界的注目。

特徵1 可以看見樹木的獨特外觀

與明治神宮的森林、表參道的行道樹等綠意盎然的環境互相連結，外頭看得見的地方也配置了綠意。

特徵2 以萬花筒為概念的入口

用巨大的鏡子，藉由移動的人們視線變化，呈現出如同萬花筒般的各種風景，如同裝置藝術般的空間。

特徵3 充滿綠意的療癒系休息陽台

6F的「表原之森」中栽有50種以上的野草，鉢狀的休息空間。可在自己喜歡的地方放鬆休息。

重點店家
在這裡

欣賞表參道和
原宿景色的同時
品嘗甜點

東急PLAZA 3F的「OMOHARA Cafe」可以欣賞表參道、原宿的景色。除了可以搭配當天心情、色彩繽紛的蘇打汽水440日圓等飲料外，原創甜點也很豐富。

☎03-5785-2233

地下1F～2F

あめりかんいーぐる あうとふぃったーず／えありー

AMERICAN EAGLE OUTFITTERS/aerie

來自美國的品牌
在日本的第一家店

以美國為中心、相當受到歡迎的休閒品牌。除了以丹寧為主的休閒服飾和內衣，也有許多當季流行商品。

☎03-5772-3530

❶有許多1000～1萬日圓可購得的商品 ❷內衣褲款式也很多。內衣1件2149日圓～、內褲1件853日圓～

7F

びるず おもてさんどう

「bills」表参道

人氣咖啡廳首次進駐原宿！

被讚許為「世界第一的早餐」的炒蛋和Ricotta鬆餅等。也有可以觀賞綠意盎然的屋頂陽台的座位。

☎03-5772-1133 ⏰8時30分～22時LO（飲料～22時30分LO）

❶口感鬆軟的有機炒蛋，附土司1296日圓 ❷Ricotta鬆餅，附新鮮香蕉、蜂巢奶油1458日圓 ❸店內以白色為基調，相當典雅

❶許多設計可愛、五顏六色的服飾 ❷Ne-net貓喵包（大）5400日圓、（中）4860日圓、（小）3240日圓

4F

ゆーもあ しょっぷ ばい えい ねっと

HUMOR SHOP by A-net

人氣網路商店的實體店面

打造Mercibeaucoup和Ne-net的網路商店「A-net」，推出實體店面。以服飾為中心，同時也販售從日本國內外精選的家具雜貨。

☎03-6438-9315

❶各樓層的服飾風格不同，3層樓都去看看吧 ❷入口在東急PLAZA 表參道原宿的手扶梯旁

地下1F～2F

ざ しぇるたー とーきょー

The SHEL'TTER TOKYO

洗鍊的精品店

集結MOUSSY和SLY、rienda、RODEO CROWNS等人氣品牌的精品店。販售許多只有這裡才買得到的商品和聯名商品。

☎03-6730-9191（客服中心）

❶網羅可以全身搭配的品項 ❷風衣外套8532日圓、針織衫7128日圓、長褲8532日圓等

4F

ちーくばい あるしーづ

Cheek by archives

大人的休閒搭配

隨時掌握最新潮流、精心挑選時尚單品的商店。除了流行單品，東急PLAZA店也有販售手機殼等雜貨。

☎03-3497-0830

 從JR原宿站表參道口步行4分，地下鐵表參道站A2出口步行7分左右即可到達。

一流的建築物和商店
漫遊表參道之丘

表參道之丘是以洗練的建築設計吸引目光的華麗景點。
設施內聚集了全球的高級名牌店和話題商店。

1 右起是同潤館、本館、和最後的西館 **2** 從地下3F貫穿至地上3F的挑高空間。走道的坡度和表參道幾乎一致 **3** 與上流街區融合的時尚設計 **4** 流行服飾和家居雜貨等共有約100間店舖

おもてさんどうひるず
✳ 表參道之丘 ✳
高品味的表參道地標

和表參道上的欅木行道樹並立,由世界知名建築師安藤忠雄設計,象徵表參道的複合設施。將長久以來眾人熟悉的舊同潤會青山公寓的外牆修復,成為過去和現代交織的出色建築。表參道之丘內也是相當受歡迎的購物和用餐地點。

☎03-3497-0310(綜合服務處) 🏠渋谷区神宮前4-12-10 🕐商店11~21時(週日~20時)、餐廳11時~22時30分LO(週日~21時30分LO)、咖啡廳11時~21時30分LO(週日~20時30分LO)※部分店舖不同 🈳無休(1年有3天休館日) 🚇地下鐵表參道站A2出口步行2分 🅿182輛(收費)
MAP附錄P9C3

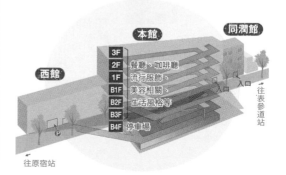

西館　　本館　　　　　同潤館

| 3F | |
B1F	
2F	餐廳、咖啡廳
1F	流行服飾、
B1F	美容相關、
B2F	生活風格等
B3F	
B4F	停車場

入口　入口
往表參道站

往原宿站

來自美國！全球熱銷的頂級冰淇淋

在同潤館1F有美國的人氣冰品店「BEN & JERRY'S」在日本的第一家分店。牛奶含量十足的冰淇淋，擄獲了海外貴婦們的心。小杯（1球）380日圓。

☎03-5772-1724

同潤館3F

S and O
えす あんど おー

豐富的藝術家商品

販售現代藝術家草間彌生、奈良美智等人設計的原創商品。還有點心和小物等，種類相當多元。

☎03-5785-1790

LOVE FOREVER
3456日圓
草間彌生製作的圓點圖案瓷器中是巧克力豆

RING-RING小包
1728日圓
印上草間彌生繪製的小狗插圖

Gummi Girl 3888日圓
奈良美智設計。裡面是臉的形狀的軟糖

本館1F

JEAN-PAUL HÉVIN 表參道之丘
じゃんぽーるえうぁん おもてさんどうひるずてん

全世界最頂級的迷人巧克力

擁有法國最優秀工藝師獎章的巧克力師傅JEAN-PAUL HEVIN打造的店。店內陳列著細緻又美麗的巧克力。

☎03-5410-2255

Sucette
1個912日圓
有棒子的可愛巧克力。適合當作伴手禮

Boite Chocolet
6個裝 2359日圓
帶有強烈的可可香氣、口味豐富的組合
※巧克力的口味隨季節而不同

本館1F

MAX BRENNER CHOCOLATE BAR 表參道之丘
まっくすぶれなーちょこれーとばーおもてさんどうひるず

紐約的人氣巧克力吧

全世界共有40間店鋪、日本的第一家分店。相當推薦香濃的棉花糖如起司般化開的巧克力比薩。

☎03-5413-5888 ⏰11時～22時30分（週日～21時30分）

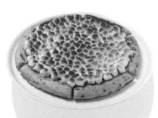

巧克力比薩（整個）
2150日圓
剛出爐的巧克力散發出的香甜，讓人無法抗拒。烤得微焦的棉花糖也很好吃

西館地下2F

PASS THE BATON
ぱす ざ ばとん

集結時尚的化妝商品

販售骨董雜貨和餐具、二手服飾和飾品等商品的環保精品商店。附設有藝廊。

☎03-6447-0707

半手帕
1890日圓
以剩餘的布縫製而成的手帕

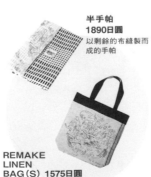

REMAKE LINEN BAG(S) 1575日圓
用抹布製成的原創包包

本館地下2F

THANN
たん

來自泰國的天然保養品

全球的高級飯店、SPA和渡假飯店選用的品牌，發揮源自植物的有效成分的獨特逸品。時尚的設計也是一大特色。

☎03-6438-0037 ⏰11:00～21:00（週日～20:00）

精油AW
2700日圓
在肉桂棒上添加上柑橘系香氣

精油OE
2700日圓
享受添加在乾燥田菁上的香氛

表參道之丘的高度設計得和櫸木行道樹一樣高，使景觀融入於街道中。

在高品味的雜貨店
尋找禮物送給最重要的人

表參道和原宿有許多高品味的雜貨店。
在品味絕佳的店內，尋找送給最重要的人的禮物吧。

前起蝴蝶胸針各7020日圓、茶巾各1620日圓、隔熱手套1944日圓、戒指架4536日圓、小鳥擺飾17280日圓、筆記本648日圓

❶店內五顏六色的雜貨琳瑯滿目。陳列方式也是一大重點 ❷朝著白色的獨棟建築前進吧

ぎゃらりー・どぅー・でぃまんしゅあおやまてん
galerie doux dimanche青山店
陳列豐富的巴黎藝術作品

精選以法國為主的藝術家作品。販售其他地方沒有的家居用品和廚房雜貨、飾品等。也會舉辦海外藝術家的展覽會。

☎03-3408-5120 住渋谷区神宮前3-5-6 ⏰12時～19時30分 休週一 交地下鐵表參道站A2出口步行5分 P無 MAP附錄P8D2

えれふぁんと
ELEPHANT
北歐的現代廚房雜貨

陳列著被稱為北歐設計黃金時期的1950～70年代的骨董、北歐設計師製作的餐具和擺飾。老闆親自挑選狀態良好的商品，因此有很多不錯的東西。

☎03-5411-1202 住渋谷区神宮前4-14-6 表參道ハイツ103 ⏰12～19時 休二、三 交地下鐵表參道站A2出口步行5分 P無 MAP附錄P9C3

❶也有藝術家的個性化作品 ❷漂亮地陳列著商品，有如藝廊般的空間

左起盤子M8400日圓、咖啡杯盤組12600日圓、咖啡壺21000日圓、兔子擺飾63000日圓

※有些商品可能已停售
前起甜點筷架（5件組）2700日圓、蓮花珠寶盤各518日圓、NOVA戒指各1080日圓、AMIGO皮製擺飾 袋鼠5076日圓

❶使用鮮艷色彩的雜貨，讓人看了就開心 ❷店內是以白色為基調的現代風格

もま でざいん すとあ
MoMA DESIGN STORE
網羅高雅的商品

日本唯一的紐約現代藝術博物館（MoMA）的美術館商店。網羅充滿藝術感的餐具和雜貨、飾品等2000件商品。

☎03-5468-5801 住渋谷区神宮前5-10-1 GYRE 3F ⏰11～20時 休無休（準同GYRE）交地下鐵明治神宮前（原宿）站4號出口步行4分 P無 MAP附錄P9B3

展示藝術家作品的空間

在人氣設施Spiral1F的藝廊「Spiral Garden」，展示著以結合生活和藝術為主題、當紅藝術家的作品。買完東西離開前記得去看看。
☎03-3498-1171 **MAP** 附錄P9C4

すばいらる まーけっと
Spiral Market

精選可長久愛用的商品

寬敞的店內由家居雜貨、廚房服飾、沐浴・香氛商品、飾品等6個情境構成。從日本國內外挑選出簡單好用、約6萬件的商品。

☎03-3498-5792 **住**港区南青山5-6-23 Spiral 2F **時**11～20時 **休**無休 **交**地下鐵表參道站B1出口即到 **P**57輛（收費） **MAP**附錄P9C4

❶大樓內還有藝廊和餐廳
❷洗鍊的空間陳列著日本國內外的商品

右起花器（S）3570日圓、Teema餐盤21公分2310日圓、3分鐘玻璃沙漏2100日圓、馬克杯1890日圓、花草茶1050日圓、午餐藝1050日圓

後方起葡萄酒開瓶器12960日圓、咖啡壺10800日圓、廚房計量器各7776日圓、調理刀8100日圓、玻璃杯1080日圓、開瓶器各2700日圓

❶美麗的不鏽鋼製品 ❷店內外皆由Alessandro Mendini設計

あれっしい しょっぷ あおやま
ALESSI SHOP青山

為生活帶來驚喜的商品

來自義大利的家具品牌旗艦店。網羅以卓越的金屬加工技術衍生出的高雅餐具、充滿幽默的大眾設計雜貨等。

☎03-5770-3500 **住**港区北青山3-2-5 **時**11時30分～19時30分 **休**不定休 **交**地下鐵外苑前站3號出口步行5分 **P**無 **MAP**附錄P8D2

きの
kinö

充滿女性色彩的生活提案

藝人也經常造訪的隱密家飾店。除了原創家具，專為女性設計充滿玩心的小物、歐洲的美麗骨董雜貨等也很豐富，此外廚房用品也很充實。

☎03-5485-8670 **住**渋谷区渋谷2-3-11 **時**11～20時 **休**週四 **交**地下鐵表參道站B1出口步行5分 **P**無 **MAP**右圖

彷彿歐洲住家般的可愛店內

右後方起藝術花1080日圓～、花瓶2808日圓、原創化妝包4968日圓、蝴蝶結相框3456日圓、天鵝小鐵盒1944日圓、銀製花樣茶罐5184日圓、花樣檯燈34560日圓

 很多店舖的營業時間都是11～20時，因此不用太早出門也沒關係。

令人憧憬的誘人甜點
目標鎖定上午時段

美味甜點聚集的區域中，有許多人氣店家。
剛開店時和上午時段比較有空位，推薦在這個時段前往。

Sissi咖啡1200日圓、
GERBEAUD SZELET（照片
下）630日圓
以茜茜公主為名的咖啡添加了杏桃
利口酒。搭配栗子和杏桃醬的蛋糕

じぇるぼー とうきょうほんてん
GERBEAUD
東京本店

匈牙利王妃喜愛的
名門咖啡廳

哈布斯堡王朝最後的皇后茜茜公主
也喜愛、有150年以上歷史的咖啡
館首度在海外拓點。店內的桌椅皆
使用和總店相同的品牌。匈牙利直
接進口的巧克力也不容錯過。

☎03-3499-0099 🏠港区北青山3-11-7
Ao2F 🕐11～22時LO（週日、假日～21
時LO）🈺不定休 🚇地下鐵表參道站B2出
口步行2分 🅿122輛 MAP附錄P9C3

1 牆壁上裝飾著描繪20世紀初時總店的畫
2 也設有充滿綠意的露天座位

えっぐすんしんぐす はらじゅくてん
Eggs'n Things 原宿店

鬆軟的鬆餅和
小山般的鮮奶油令人感動

來自夏威夷的人氣休閒餐廳。有著
高15公分的鮮奶油鬆餅相當受歡
迎。降低了鮮奶油的甜度，可以放
心享用。蛋類餐點也很推薦。剛開
店時和19時過後排隊人潮較少。

☎03-5775-5735 🏠渋谷区神宮前4-30-
2 🕐9時～21時30分LO（週六、日、假日
8時～）🈺不定休 🚇地下鐵明治神宮前
（原宿）站5號出口步行2分 🅿無 MAP附
錄P9B3

1 裝飾著許多夏威夷風的物品
2 1、2F有座位

草莓鮮奶油和夏威夷果仁
1100日圓
人氣第一的餐點。還有3種搭配鬆餅
的糖漿

蛋糕套餐1150日圓
新鮮的蛋糕和飲料。手工蛋糕有16
種可以選擇

どるちぇまりりっさ
Dolce MariRisa

品嘗使用季節水果的
手工蛋糕

讓人連想到歐洲田園、童話般的蛋
糕店，店主的理念是「將母親想要
給小孩子吃的蛋糕陳列在店頭」。
除了常備16種的手工蛋糕，特製皇
家奶茶690日圓也很推薦。

☎03-3400-1245 🏠港区北青山3-7-4
🕐11時30分～22時 🈺無休 🚇地下鐵表
參道站B4出口步行2分 🅿無 MAP附錄
P9C4

1 店内深處的咖啡
廳空間氛圍沉穩，
讓人忘卻喧囂 2 店
面也很夢幻

忠實重現
維也納總店的
優雅咖啡廳

1873年創業於維也納的「Café Landtmann」。融入總店風格的店內相當穩重，可以品嘗到午餐平日1242日圓～、薩赫蛋糕680日圓等。☎03-3498-2061 MAP附錄P9C4

DEL REY Café&Chocolatier
でる れい かふぇあんどしょこらてぃえ

在高級巧克力專賣店
品嘗頂級巧克力甜點

1949年創業於比利時安特衛普的老字號巧克力店。巴卡拉製水晶吊燈閃耀著光芒的店內，販售著巧克力甜點和可麗餅。咖啡廳空間旁也有販售巧克力。

☎03-5785-1555 住渋谷区神宮前4-12-10表參道之丘3F ⏰11時～21時30分LO（週日～20時30分LO）休不定休 交地下鐵表參道站A2出口步行2分 P182輛（收費）MAP附錄P9C3

1 統一白色色調，散發高級感的店內 2 如同寶石般陳列的巧克力

經典巧克力聖代 1730日圓
全部使用從安特衛普空運來的巧克力製作

（前方2個）動物蛋糕 各756日圓
可愛的動物造型蛋糕
（後方）裝飾小蛋糕 1836日圓
10公分左右的可愛海綿蛋糕

Anniversary 青山店
あにばーさりー あおやまてん

讓人會心一笑的
可愛蛋糕

由日本結婚蛋糕和糖花藝術的第一把交椅本橋雅人主廚打造的店。和一般的蛋糕不同，陳列著各種可愛的蛋糕。可以當作伴手禮的烘培點心，一定要嘗嘗看。

☎03-3797-7894 住港区南青山6-1-3コレッツィオーネ1F ⏰11～19時 休週一（逢假日則翌日休）交地下鐵表參道站A5出口步行5分 P無 MAP附錄P8E4

1 擺設著主廚設計的蛋糕 2 眺望綠意盎然的庭園一邊休息

Q-pot CAFE.
きゅーぼっと かふぇ

受歡迎的首飾
化身為頂級甜點

以甜點為發想的飾品品牌「Q-pot.」的咖啡廳。將飾品重現、真正的馬卡龍和杯子蛋糕等，可愛到讓人捨不得吃掉。充滿品牌世界觀的裝潢也很出色。

☎03-6427-2626 住港区北青山3-10-2 ⏰11時30分～19時00分LO 休無休 交地下鐵表參道站B2出口步行2分 P無 MAP附錄P9C3

1 有9個房間
2 秘密房間完全採預約制，有4個方案可以選擇

戒指盤 1762日圓
馬卡龍或杯子蛋糕與巧克力的組合。盤子和擺盤也很可愛

📖 「DEL REY Café&Chocolatier」有隨季節變換菜色的午餐，可以和搭配甜點一起享用。

不妨到這裡走走！

表參道・原宿的推薦景點

ぎゃらりーどうじゅんかい
📷 Gallery同潤會

推廣各種類型的藝術

位於同潤館2F的租借藝廊，讓人回想起表參道之丘興建前的同潤會青山公寓。推廣充滿魅力的藝術。一邊眺望綠意盎然的欅木行道樹，一邊欣賞藝術。

DATA ☎03-5410-0660 🏠渋谷区神宮前4-12-10 表參道之丘・同潤館2F ¥免費參觀 ⏰12～19時(展覽會最終日～17時) 休週二 🚇地下鐵表參道站A2出口步行2分 🅿182輛(收費) **MAP**附錄P9C3

おかもとたろうきねんかん
📷 岡本太郎紀念館

盡情感受岡本太郎的世界

公開展示岡本太郎的工作室兼住家。除了素描和雕刻，也展示未完成的作品和當時所使用的畫具。不定期舉辦獨特的企劃展，網羅許多充滿能量的作品。

DATA ☎03-3406-0801 🏠港区南青山6-1-19 ¥入館620日圓 ⏰10時～17時30分截止入館 休週二(逢假日則開館) 🚇地下鐵表參道A5出口步行8分 🅿無 **MAP**附錄P8D4

ねづびじゅつかん
📷 根津美術館

展示日本和東洋的古美術品

包含國寶及重要文化財、收藏和展示來自日本、中國、朝鮮約7400件古美術品和茶具的美術館。館內有廣大的庭園，並附設咖啡廳。一邊欣賞綠意一邊休息也不錯。

DATA ☎03-3400-2536 🏠港区南青山6-5-1 ¥入館1000日圓 ⏰10時～16時30分截止入館 休週一(逢假日則翌日休)、換展期間 🚇地下鐵表參道站A5出口步行8分 🅿9輛 **MAP**附錄P8E4

めいじじんぐう
⛩ 明治神宮

新年參拜人數日本第一的神社

創建於大正9年(1920)，祭祀明治天皇和昭憲皇太后的神社。境內覆蓋著蓊鬱的樹木，是都會中的綠洲。位於御苑內，相傳由加藤清正所挖掘的清正井，是相當受到注目的開運景點。

DATA ☎03-3379-5511 🏠渋谷区代々木神園町1-1 ¥免費參拜(御苑有維持協助費500日圓) ⏰日出～日落(每月不同) 休無休 🚇JR原宿站表參道口步行1分 🅿60輛 **MAP**附錄P9A1

15個東京巨蛋大的廣大境內

清正井是東京罕見的湧泉，相傳是安土桃山～江戶初期的武將加藤清正親自挖掘的。據說有許多人把它當作手機桌布

わたりうむびじゅつかん
📷 WATARI-UM美術館

欣賞個性化的現代藝術

展示活躍於國際的現代藝術家作品的美術館。每年舉辦3～4次的企劃展。1F有販售卡片和文具的美術館商店、地下1F則是附設咖啡廳。

DATA ☎03-3402-3001 🏠渋谷区神宮前3-7-6 ¥入館1000日圓 ⏰11～19時(週三～21時) 休週一(逢假日則開館) 🚇地下鐵外苑前站3號出口步行8分 🅿無 **MAP**附錄P8D2

びお おじゃん かふぇ
🍜 bio ojiyan café

對身體有益的「稀飯」咖啡廳

不使用化學調味料、對身體有益的稀飯專賣咖啡廳。推薦菜色是魩仔魚和香味蔬菜粥765日圓，以醬油湯底的和風高湯調味的粥和魩仔魚也相當對味。可加料。店內也販售雜貨。

DATA ☎03-3746-5990 🏠渋谷区神宮前4-26-28 ⏰12～20時 休不定休 🚇地下鐵明治神宮前(原宿)站5號出口步行5分 🅿無 **MAP**附錄P9C2

えーだぶりゅきっちん ふぃりああおやまてん
🍴 AWkitchen figlia青山店

手桿義大利麵和新鮮蔬菜為賣點

招牌菜色自製手義大利麵、使用契約農場直送的蔬菜製作的蔬菜熱沾醬廣受好評。使用100%手工番茄醬的絕品香辣番茄特飛麵1890日圓。

DATA ☎03-5772-0172 🏠港区南青山3-18-5さくらappar-tement1F ⏰11時30分～15時、18時～23時(週六、日、假日晚上17時30分～) 休無休 🚇地下鐵表參道站A4出口步行2分 🅿無 **MAP**附錄P8D3

ぶれっつかふぇ くれーぶりー おもてさんどうてん
🍴 BREIZH Café CRÊPERIE 表參道店

品嘗得到道地法式烘餅的店

法國布列塔尼的鄉土料理「法式烘餅」的店。以嚴選食材製作、重現道地風味的法式烘餅，只有這裡可以品嘗到。午間套餐1780日圓有蕎麥粉製的烘餅，附上沙拉、甜點可麗餅和飲料。

DATA ☎03-3478-7855 🏠渋谷区神宮前3-5-4 ⏰11時30分～23時LO(週日、假日～22時LO) 休無休 🚇地下鐵表參道站A2出口步行6分 🅿無 **MAP**附錄P8D2

あにうぇるせる かふぇあんどれすとらん
ANNIVERSAIRE CAFÉ&RESTAURANT

在露天座位享受時尚下午茶

位於表參道旁的露天咖啡廳。從早到晚都可以品嘗到高品質的主餐、前菜、甜點等豐富的餐點。主菜附麵包、紅茶或咖啡的本日午餐1600日圓。

DATA ☎03-5411-5988 **住**港区北青山3-5-30 **⊙**10時～23時30分(週六、日、假日9時～) **休**無休 **交**地下鐵表參道站A2出口步行1分 **P**無 **MAP**附錄P9C3

ふらいんぐたいがーこぺんはーげん
Flying Tiger Copenhagen

平價又可愛的北歐生活雜貨

1995年誕生於丹麥哥本哈根。以歐洲為中心、全世界共有300間店舖的人氣生活風格商店在東京的第一家分店。以低價位提供讓每天的生活更有樂趣、色彩繽紛的商品。五顏六色的雜貨讓人眼花撩亂。

DATA ☎03-6804-5723 **住**渋谷区神宮前4-3-2 **⊙**11～20時 **休**不定休 **交**地下鐵表參道站A2出口步行2分 **P**無 **MAP**附錄P9C3

きゅーぽっと はらじゅくほんてん
Q-pot. 原宿本店

可愛的甜點飾品相當吸睛

以馬卡龍和冰淇淋、餅乾等甜點為造型，可愛又有質感的飾品成為話題的人氣品牌。巧克力模樣的外觀充分呈現品牌的世界觀，非常可愛。馬卡龍吊飾4899日圓等，總店裡備齊所有商品。

DATA ☎03-5467-5470 **住**港区北青山3-7-11 **⊙**12～20時 **休**無休 **交**地下鐵表參道站B2出口步行2分 **P**無 **MAP**附錄P9C4

きゃんでぃー しょう たいむ
CANDY SHOW TIME

五顏六色的糖果可以當作禮物

可以在店裡看見製作過程的糖果店。店裡陳列著有圖案和文字的棒棒糖、五顏六色的棒棒糖等。照片的THANK YOU MIX瓶700日圓、棒棒糖410日圓。最適合當作贈禮。

DATA ☎03-6418-5334 **住**渋谷区神宮前6-31-15 マンション31 1F **⊙**11～20時 **休**無休 **交**地下鐵明治神宮前(原宿)站6號出口步行1分 **P**無 **MAP**附錄P9B2

はらじゅくあるた
原宿ALTA

原宿的最新能量景點

在原宿全新開幕的大型商業設施，以『充滿亮晶晶的元素、竹下通的能量景點』為概念，由4個樓層組成。有首度在原宿區拓點的店家等19家店進駐。每個樓層的概念各異其趣，可以享受不同的樂趣。

DATA ☎03-3401-3939 **住**渋谷区神宮前1-16-4 **⊙**10時00分～20時 **休**不定休 **交**JR原宿站竹下通步行2分 **P**無 **MAP**附錄P9B2

でゅぬ・らるて おもてさんどうほんてん
d'une rareté表參道本店

外觀和風味都很創新的麵包

以「麵包也是一種料理」為概念、可以品嘗到甜點師傅出身的主廚孕育出、嶄新且風味豐富的麵包的知名店舖。極薄的麵皮交疊成的可頌「Rareté」221日圓、Q軟的「HONOKA」261日圓相當受歡迎。

DATA ☎03-5468-0417 **住**渋谷区神宮前5-10-1 GYRE B1F **⊙**11～20時 **休**不定休 **交**地下鐵明治神宮前(原宿)站4號出口步行4分 **P**無 **MAP**附錄P9B3

前往另一種風格的
概念咖啡廳

到由花藝家和花店、藝廊打造的咖啡廳走走吧。

でざいん ふぇすた かふぇあんどばー
Design Festa Cafe&Bar

充滿藝術氣息的露天咖啡廳

附設於藝廊的咖啡廳，可以欣賞畫在整面牆壁上的藝術創作。附設的大阪燒「さくら亭」也很推薦。

DATA ☎03-3479-0839 **住**渋谷区神宮前3-20-1 **⊙**11～23時 **休**無休 **交**地下鐵明治神宮前5號出口步行6分 **P**無 **MAP**附錄P9C2

にこらい ばーぐまん のむ
Nicolai Bergmann Nomu

被花朵圍繞的北歐風咖啡廳

由花藝家Nicolai Bergmann打造的咖啡廳。北歐家具和花朵美麗地融合在一起。

DATA ☎03-5464-0824 **住**港区南青山5-7-2 **⊙**10～20時 **休**不定休 **交**地下鐵表參道站B3出口步行3分 **P**無 **MAP**附錄P8D4

ふらわーあんどかふぇ かざはな
flower&cafe 風花

在鮮嫩綠意的環境中放鬆心情

由花藝家石原和幸打造出四周充滿季節花草樹木的療癒空間。

DATA ☎03-6659-4093 **住**港区南青山3-9-1 **⊙**10～18時 **休**不定休 **交**地下鐵表參道站A4出口步行5分 **P**無 **MAP**附錄P8D3

 Laforet原宿（**MAP**/附錄P9B2）周邊有許多人氣的快速時尚品牌。感興趣的人可以前往看看。

在老字號餐廳
悠閒用餐

明治、大正時期西洋文化盛行的銀座，由當時傳承至今的老店，堅守著傳統風味。（☞P85）

在美好的沙龍
享用下午茶

銀座集結了許多知名甜點品牌的咖啡廳。在典雅的空間裡，享受著奢華時光。（☞P86）

欣賞玻璃櫥窗的
銀座散步

在時髦氛圍的銀座散步。欣賞名牌店和街頭的店面，心情也跟著華麗了起來。（☞P80）

銀座就在這裡！

山手線・池袋・上野・淺草・銀座線・新宿・秋葉原・中央線・原宿・東京・新橋・半藏門線・押上（東京晴空塔前）・東京晴空塔前・澀谷・惠比壽・品川・銀座

優雅地漫步在一流店家林立的城區

銀座
きんざ

是這樣的地方

高級名牌精品店和高檔餐廳林立、令人嚮往的購物區。除了有許多江戶和明治食代傳承至今的老店，「LUMINE有樂町」、「UNIQLO GINZA」等最新潮流據點也陸續開幕。週日的中央通是行人徒步區，最適合散步。隨自己喜愛的方式，享受銀座散步的樂趣。

尋找喜愛的商品

access

東京站	羽田機場（國際線航站樓）
地下鐵丸之內線	京濱急行線・地下鐵淺草線
	東銀座站
	地下鐵日比谷線
銀座站	銀座站
需時3分車資170日圓	需時40分車資720日圓

※東京鐵道路線圖請參照附錄P30 廣域MAP附錄P10-11

~ 銀座　快速導覽MAP ~

高級名牌林立
並木通上聚集著CHANEL等海外的高級名牌。

百貨公司聚集的中央通
除了三越、松屋等知名百貨公司外，還有許多名店。

觀光重點
以中央通為中心漫步銀座街道
有許多老店的中心衝道「中央通」為主軸，只要認這條路，便能輕鬆享受購物樂趣。

銀座的快速時尚

1 ゆにくろ ぎんざ
UNIQLO GINZA

可以比其他分店更早體驗最新、最流行的UNIQLO，是全球最大的店面。只有這裡才買得到的獨家單品、顏色等品項豐富。
MAP 附錄 P11C3

2 えいちあんどえむ ぎんざ
H&M GINZA

網羅具流行意識商品的瑞典品牌。魅力在於合理的價格和多樣的商品陣容。也因為是日本的第一家分店而成為話題。
MAP 附錄 P11B4

3 ぎゃっぷふらっくしっぷぎんざ
Gap銀座旗艦店

約1500平方公尺、號稱日本最大賣場面積的旗艦店。提供洗鍊的簡約&休閒風格。
MAP 附錄 P11C2

4 あばくろんびーあんど ふぃっち ぎんざてん
Abercrombie & Fitch銀座店

好萊塢明星愛用的美國休閒品牌在亞洲的第一家分店。商品應有盡有。
MAP 附錄 P11B3

流行商場大樓林立
銀座的街道總是相當華麗

銀座有許多高級名牌店和知名百貨公司，讓街道增添了華麗色彩。
在這個充滿高級感、令人嚮往的區域優雅地散步吧。

A LUMINE有樂町
るみねゆうらくちょう

流行服飾和化妝品一應俱全

以「大人的LUMINE」為主題，時尚品牌、麵包店&熟食、化妝品品等各式各樣的店舖，種類齊全。☎03-6268-0730 **MAP** 附錄P11B2、C2

焦點店家

LUMINE 2／1F
でぃーんあんどでるーか
DEAN&DELUCA

網羅全世界美食的食品複合式精品店。有著大量蔬菜的健康餐點、人氣甜點師傅的甜點等齊備。

🕙10時～21時30分（週六、日、假日～21時）休不定休

B 有樂町ITOCiA
ゆうらくちょういとしあ

有樂町備受喜愛的景點

名字源自「可愛的街道」一詞。除了以流行商場「MARUI」為主的建築，也緊鄰許多餐廳進駐的大樓。☎03-3212-0101（有樂町MARUI）**MAP** 附錄P11C1

焦點店家

Soleil Cuvee Yuko
1620日圓

美食大道／地下1F
うぃのすやまざき
Vinos Yamazaki

從釀酒廠直接進口，可以用合理的價格買到葡萄酒。在附設的葡萄酒吧可以用200日圓～的價格試飲。

🕙11～23時 休無休

C PRINTEMPS銀座
ぷらんたんぎんざ

聚集了敏銳度高的成熟女子

有從女性服飾到美妝品、飾品、甜點等網羅多元商品的本館，以及美甲沙龍等相當豐富的ANNEX別館。☎03-3567-0077（代表）**MAP** 附錄P11C2

焦點店家

巧克力
1個378日圓

本館／地下2F
ばにらしゅがー
バニラシュガー

網路商店起家的話題店舖。網羅各種可愛的巧克力。

🕙11～21時（週日～20時）休（已停業）

G Dior銀座
でぃおーるぎんざ

感受得到巴黎精神的設計席捲全球時尚愛好者的品牌。店內呈現了超越時空的優美與創新等Dior的概念。女裝和男裝類型廣泛，網羅優雅的品項到休閒類商品。也販售皮包和香氛、彩妝等。

☎03-5537-8333 **MAP** 附錄P11C2

Diorama 36萬日圓

銀色加上迪奧經典藤格紋設計的外觀，令人印象深刻

H ARMANI／GINZA TOWER
あるまーに／ぎんざたわー

除了服飾品，還附設葡萄酒吧和餐廳的品牌店。以象徵日本的「竹」為概念的外觀相當嶄新。竹葉上有LED燈，可以控制光的顏色和亮度。夜晚時的燈光相當值得一看。

☎03-6274-7000 **MAP** 附錄P11C2

到處都是知名品牌

也到Sony大樓逛逛

位在數寄屋橋路口的「Sony大樓」內，除了Sony的展示室和商店，也有一流的餐廳和雜貨商店進駐。
☎03-3573-2371
MAP 附錄P11B2

往有樂町站
往東京站
有樂町站
有樂町インフォス
B 有樂町ITOCiA
東京高速道路会社線
D MARRONNIER GATE
東急HANDS
C PRINTEMPS銀座
銀座ベルビア館
ZOE銀座
J CHANEL GINZA
Cartier
K BVLGARI GINZA TOWER
Louis Vuitton
メルサ
F 屋銀座
TIFFANY銀座本店
L
往東京站
有樂町線
往京橋站
銀座一丁目站
0 50m

まろにえげーと
MARRONNIER GATE

充分享受購物和美食

網羅UNITED ARROWS等人氣精品店和東急HANDS、以及可以品嘗到世界各國美味的餐廳。
MAP 附錄P11C1

焦點店家

10F
みらういる いんぱくと
MIRAVILE IMPACT

可以品嘗到甜點全餐，以及日本葡萄酒搭配料理。
☎03-5524-0417 🕐11～17時、18～23時（週六、日、假日11～23時）休不定休

皇家巧克力蛋糕1080日圓

ぎんざみつこし
銀座三越

創業84年的老牌百貨公司

銀座的會合點「獅子像」相當知名。設置於各樓層的「銀座STYLE」、以及9F銀座陽台的休息空間，也可以去看看。
☎03-3562-1111（代表）**MAP** 附錄P11C2

焦點店家

12F
る・ぶーる・のわぜっと
Le Beurre Noisette

在巴黎廣受好評的店。除了巴黎總店，只有這裡能吃到。
🕐11～15時LO、17～22時LO 休不定休

牛臀主餐3500日圓。也有其他全餐

まつやぎんざ
松屋銀座

日本國內外的高級名牌

大正14年（1925）開業、代表日本的百貨。集結了奢華品牌和具有話題性的新品牌等受矚目的店鋪。
☎03-3567-1211 **MAP** 附錄P10D2

焦點店家

地下1F
まりあーじゅ ふれーる
Mariage Frères

法國的老字號紅茶專賣店。販售季節的特別茶款和茶具、紅茶餅乾等。
🕐10～20時 休無休

馬可波羅100g罐裝2700日圓

ぐっち ぎんざ
GUCCI GINZA ✦

旗艦店加上咖啡廳，全世界首棟GUCCI大樓。多面體的玻璃塔，不管白天夜晚都很美麗。
☎03-5469-6611（GUCCI JAPAN客服中心）**MAP** 附錄P11C2

ぶるがりぎんざたわー
BVLGARI GINZA TOWER ✦

BVLGARI規模最大的旗艦店。9F的餐廳和10F的酒吧是挑高設計，可以從高9公尺的玻璃窗欣賞銀座的美景。
☎03-6362-0111 **MAP** 附錄P10D2

ていふぁにーぎんざほんてん
TIFFANY銀座本店 ✦

如同完美切割的鑽石，TIFFANY銀座本店映照著銀座的街道。夜晚會被優雅的燈光圍繞。由挑高2層樓的入口進入鑲滿水晶的奢華空間。
☎03-5250-2900 **MAP** 附錄P10D2

銀座有許多獨具個性的建築物，散步時不妨先決定一個標的物，會更有效率。

遊逛長年獲得青睞的商店
享受銀座漫步

名店匯集的銀座，有許多人們經常造訪的店家。
前往銀座的街道，尋找夢幻的逸品。

1 守護著銀座的和光。目前的建築物建於昭和7年（1932）**2** 銀座三越等老字號百貨公司林立 **3** 常客經常光顧的時尚咖啡廳也不少 **4** 陳列也很時尚，只看不買也很有樂趣

Start!

とうきょうきゅうきょどう
東京鳩居堂

承襲長年傳統
雅致的和風文具

寬文3年（1663）創業於京都、販售薰香製品與和紙雜貨、書畫用具的專賣店。薰香的部分以傳統的調香配方為基礎，使用天然原料。華麗和紙製作的小物，是能感受到「日本」風情的伴手禮，相當受到歡迎。

☎03-3571-4429 住中央区銀座5-7-4 ⏰10～19時（週日、假日11時～）休無休 交地下鐵銀座站A2出口即到 P無 MAP附錄P11C3

絲製明信片
各76日圓（中央、右）
桐紙明信片
130日圓（前）

描繪著日本風情的和紙明信片。絲製的有200種以上的圖案

銘銘小碟伊勢集
5個組 1512日圓

以拼接圖案為特徵的和紙製作的美麗小碟

紅磚造的厚重大門

步行10分

燉牛肉（綜合）
2600日圓

有牛肉和牛舌的綜合。附白飯和小菜，日式風味的一道料理

外帶組合
1人份2600日圓
（需訂購2人份～）

據說有許多人買來當作伴手禮

ぎんのとう
銀之塔

創業以來不變的好味道
頂級燉牛肉堪稱絕品

昭和30年（1955）創業的燉牛肉專賣店。位置靠近歌舞伎座，從以前就經常外送至歌舞伎座，因此許多演員都是這家店的常客。花3天時間熬煮的醬汁，搭配入口即化的牛肉，堪稱絕品。

改建自倉庫的店面饒富趣味

步行10分

☎03-3541-6395 住中央区銀座4-13-6 ⏰11時30分～21時 休無休 交地下鐵銀座站5號出口步行2分 P無 MAP附錄P10D3

Welcome to GINZA

每週日的銀座是行人徒步區相當熱鬧

每週日（天候不佳、過年期間可能暫停）的13～18時（10～3月～17時）中央通會成為行人徒步區。可以體驗比平常更加熱鬧的銀座。
MAP 附錄P11C3

步行1分

LE BLANC 心型香皂
6個入 1944日圓
有著可愛天使的罐中是心型的香皂

🛍 ぎんざきむらや 銀座木村家

曾上呈給明治天皇的頂級紅豆麵包

製酒酵母製成的酒種紅豆麵包相當出名，明治2年（1869年）創業的老店。在中央凹陷處放入鹽漬八重櫻的櫻花紅豆麵包、青豌豆餡麵包等是該店招牌。2F是咖啡廳，3F則是餐廳。
☎03-3561-0091 🏠中央区銀座4-5-7 🕙10～21時 🈺無休 🚉地下鐵銀座站A9出口即到 🅿無 **MAP** 附錄P11C2

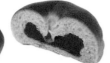

酒種甜餡麵包
5個裝(5色)
810日圓
櫻花、栗栗子、紅豆、白豆沙、青豌豆等5種。皆使用酒種麵糰

1F的店面人潮總是絡繹不絕

🛍 きょうぶんかん えいんかれむ 教文館 エインカレム

歐洲的優質雜貨

明治18年（1885）以基督教書店創業於中央通上。4F販售教會用品和歐洲雜貨。有許多刺繡、蕾絲等挑動少女心的小物。
☎03-5250-5052 🏠中央区銀座4-5-1 教文館大樓4F 🕙10～20時（週日13時～）🈺無休 🚉地下鐵銀座站A9出口步行2分 🅿無 **MAP** 附錄P11C2

玫瑰面紙套
860日圓
在越南河內的刺繡村裡一個個以手工製作

1、2F是書店。4F也有咖啡廳

色卡書衣
各5400日圓
牛皮的自製書衣共有6色

步行1分

🛍 わこう 和光

在銀座的地標優雅地購物

創業於昭和22年（1947）的和光，有象徵著銀座的鐘塔。館內販售從日本國內外精心挑選的手錶和珠寶、男女服飾、包包、家居用品等。無論是犒賞自己或送禮都很適合。步行即到的和光アネックス ケーキ＆チョコレートショップ（☞P91）也不要錯過。
☎03-3562-2111 🏠中央区銀座4-5-11 🕙10時30分～19時 🈺無休 🚉地下鐵銀座站A10出口即到 🅿無 **MAP** 附錄P11C2

女用手帕
各2160日圓
波紋織法的手帕配上蝴蝶結刺繡，相當有女人味

步行5分

色卡包包掛勾
2700日圓
將圓形部分放在桌面上便可成為掛勾

Goal!

🛍 ぎんざ・いとうや 銀座・伊東屋

紅色迴紋針相當醒目的文具專賣店

明治37年（1904）創業的知名文具店。除了原創商品，還有從歐美直接引進的高品質商品，以老字號的眼光挑選來自世界各地的文具。2015年夏天總店重新開幕以前，以臨時店面的方式營業。

女用三折錢包
10800日圓
可收納零錢、紙鈔、卡片，機能性高。可以放進晚宴包的輕巧尺寸

總店步行即到的地方是5層樓的臨時店面

☎03-3561-8311 🏠中央区銀座3-7-1(臨時店面) 🕙10～20時(週日、假日～19時)🈺無休 🚉地下鐵銀座站A13出口步行2分 🅿無 **MAP** 附錄P10D2

📖 銀座的許多店家都會提供典雅的包裝紙和紙袋，推薦可加以活用。

認識摩男・摩女喜愛的
往昔美好時代的銀座

昔日走在流行前端的摩登男女，漫步在銀座街頭的華麗年代。
在銀座散步時，回想著過往時光，也是另一種樂趣。

摩男・摩女是？

摩登男子和摩登女子的簡稱。指的是從大正末期到昭和初期之間（主要是1920年代），受到西洋文化影響，穿著流行的男女。

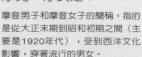

留著西洋髮型、打扮美麗的女性

從京橋拍攝的銀座照片。昭和初期的銀座有開往日本橋的市內電車。街上有許多時尚的咖啡廳，洋溢著華麗的氛圍。

{ 摩登女子的 穿著 }

除了必備的洋裝，髮型也相當重要。毛斷（日文音同摩登）等同於短髮，再依據服裝的材質搭配合適的帽子。資生堂也曾根據這個髮型，推出搭配的化妝品。

以照片中的打扮漫步在銀座街頭

{ 摩男・摩女時代的 銀座 }

在大正12年（1923）的關東大地震後，銀座有了市內電車，百貨公司和劇場、咖啡廳等也陸續登場。摩男・摩女漫步在銀座街頭，可說是「銀座散步」的全盛時期。這個時期也相當流行在「銀座散步」一詞的發源地CAFE PAULISTA銀座本店（☞P90）喝咖啡。在大正時期，庶民也開始吃得起西洋的甜點冰淇淋。而在昭和16年（1941）太平洋戰爭爆發後，這裡的華麗也跟著蒙上一層陰影。

A 昭和10年（1935）左右拍攝的資生堂冰淇淋看板 B 銀座4丁目的路口左方可以看到服部鐘錶店的鐘塔

照片提供：京橋圖書館、資生堂PARLOUR、東京のタクシー百年史

﹛ 摩男・摩女喜愛的店家 ﹜

銀座 ●【加倍樂趣專欄】認識摩男・摩女喜愛的銀座

明治35年創業

しせいどうぱーらー ぎんざほんてん

資生堂PARLOUR銀座本店

風靡超過1個世紀的傳統美味

平日限定的銀座摩登午餐4100日圓等，在4、5F的餐廳可以品嘗到不變的名店風味。在3F的咖啡廳則可以吃到承襲傳統的冰淇淋。

☎03-5537-6231（3F）03-5537-6241（4・5F）住中央区銀座8-8-3東京銀座資生堂大樓3・4・5F ⏰11時30分～20時30分LO（3F週日、假日～19:30LO）休週一（逢假日則營業）交地下鐵銀座站A2出口步行5分 P無 MAP附錄P11B4

昭和初期的資生堂PARLOUR

A 3F的咖啡廳瀰漫著優雅氛圍，特別想在晴天時前往的冰淇淋870日圓 D 創業當時起長久受到喜愛的冰淇淋870日圓。放在特別訂做、刻有象徵資生堂的「山茶花」的特製銀杯裡 C 忠實按照西洋料理的基礎製作、有著葡萄酒軟木塞形狀的炸肉可樂餅2470日圓，可在4、5F的餐廳享用到

> **摩男・摩女喜愛的理由**
> 可以在摩登的空間裡，品嘗在當時相當罕見的冰淇淋和洋食

原本是員工餐，應顧客要求而成為正式菜色的元祖蛋包飯1400日圓

明治28年創業

れんがてい

煉瓦亭

文人也喜愛的元祖蛋包飯

明治28年（1895）創業的洋食店。號稱銀座歷史最悠久的洋食店。同時以蛋包飯和炸肉排的發源店而聞名。炸肉排配上高麗菜絲的作法，也是從這裡開始的。

☎03-3561-3882 住中央区銀座3-5-16 ⏰11時15分～14時15分LO、16時40分～20時30分LO（週六～20時LO）休週日 交地下鐵銀座站A9出口步行2分 P無 MAP附錄P11C2

A 手塚治虫和池波正太郎也經常光顧的名店
B 創業時起便存在於店內，描繪明治時代的銀座通的畫

> **摩男・摩女喜愛的理由**
> 可以品嘗到蛋包飯和炸肉排等在當時相當罕見的洋食

炸絞肉排1420日圓。加了高湯味道更有層次。午餐附飯和沙拉1000日圓

大正13年創業

れすとらんやまがた

レストランYAMAGATA

滿滿肉汁、廣受喜愛的炸絞肉排

從前代繼承下來的炸絞肉排，裡面事先加入了高湯凍，切下肉排的瞬間肉汁和湯汁一起流出來，讓人食指大動。目前則是由曾在法國修業的第三代掌廚。

☎03-3575-1553 住中央区銀座8-5-1プラザG8ビル2F ⏰11時30分～14時30分、17時30分～21時 休週六、日、假日 交地下鐵銀座站B7出口步行8分 P無 MAP附錄P11B3

A 目前的店面是1989年重建後的樣子 B 重建前的木造店店。有上一代的照片

> **摩男・摩女喜愛的理由**
> 和其他地方不同，多了一道功夫的講究洋食相當美味

在氛圍絕佳的下午茶沙龍
度過美好的咖啡時光

高級名牌店聚集的銀座，有許多雅致的咖啡廳。
在華麗的空間裡品嘗甜點，度過優雅的片刻。

1 建於昭和5年（1930）、石造的沉穩建築物 2 樓梯的牆面作成書架，擺放著法國菜食譜和甜點的書籍 3 以巴黎的公寓為概念、古典風格的設計 4 風格洗鍊的賣場

白蘭地桌邊秀相當受到歡迎！
橙香火焰可麗餅1620日圓

アンリ・シャルパンティエ 銀座店

HENRI CHARPENTIER
銀座店

彷彿置身於歐洲的洋館

位於東京都選定的歷史建築物「ヨネイビル」內，氛圍高雅又洗鍊的西點店。B1F供應沙龍限定的招牌餐點橙香火焰可麗餅。用餐車送到桌邊，眼前白蘭地燃起藍色火焰，令人看得目不轉睛。

☎03-3562-2721
🏠中央区銀座2-8-20ヨネイビル1F・B1F ⏰11時～20時30分LO（商店10～21時）休無休 🚃地下鐵銀座1丁目站9號出口步行1分 🅿無
MAP附錄P10D2

敬請期待桌邊秀

香橙酒的苦味恰到好處

創業時起就相當受到歡迎的白蘭地火焰

追求正宗美味的逸品。柳橙醬也很美味

代表昭和時期的銀座
格調高雅的
知名咖啡廳

自昭和11年（1936）創業以來，以香醇咖啡擄獲許多人心的「トリコロール本店」。點餐後才擠入奶油的閃電泡芙和咖啡的套餐1190日圓。☎03-3571-1811 MAP附錄P11C3

1 店内以巧克力色調統一 2 Marcolini巧克力聖代1728日圓可以充分品嘗到相當講究可可豆製的巧克力 3 販售巧克力1顆303日圓～

1 窗邊的沙發座位有度假村的氛圍 2 下午茶套餐5055日圓（2人份）※限14～17時 3 水晶吊燈閃耀、氣氛高檔的店内

1 以巴黎總店為藍本 2 蛋糕套餐1512日圓。照片是呈現歌劇院舞台的「OPERA」。共有7層、味道豐富 3 1F販售甜點和麵包、熟食

ピエール マルコリーニ 銀座
Pierre Marcolini
銀座

在典雅的空間
品嘗奢華的巧克力甜點

供應世界級的巧克力師傅特製甜點的咖啡廳。親自挑選可可豆製成的巧克力，芳香甘醇，是連尾韻也相當注重的逸品。也有巧克力飲品、冰淇淋和閃電泡芙等。每個季節還有限定商品，不容錯過。

☎03-5537-0015 住中央区銀座5-5-8 ⏰11時～19時30分LO（週日、假日～18時30分LO）休無休 交地下鐵銀座站B3出口即到 P無 MAP附錄P11C3

ハロッズ ザ・プランテーション ルームス
Harrods The
Plantation Room

在出色的傢俱圍繞下
盡情享受午茶時光

代表英國的高級百貨Harrods的茶房。除了Harrods的紅茶，還有各種以紅茶製作的甜點。日本只有這裡才嘗得到代表Harrods的「Georgian Blend No.18」紅茶。

☎03-3562-1111（代表）住中央区銀座4-6-16 銀座三越4F ⏰10時30分～19時30分LO 休不定休（準同銀座三越）交地下鐵銀座站A7出口即到 P399輛（收費）MAP附錄P11C2

ダロワイヨ銀座本店
DALLOYAU銀座本店

在高雅的店内
感受巴黎精神

1802年在巴黎創業、歷史悠久的老店的銀座分店。咖啡和巧克力風味的傳統蛋糕「OPERA」便是起源於此。共有7層，可以嘗到經過縝密計算的絕妙好滋味。令全世界美食家為之傾倒的招牌馬卡龍，還有季節限定的味道。

☎03-3289-8260 住中央区銀座6-9-3 ⏰11～21時（週五、六、假日前日～22時）休無休 交地下鐵銀座站A2出口步行1分 P無 MAP附錄P11C3

有些店家也有販售可當作伴手禮的烘焙點心，離開前記得看一下展示櫃。

最適合作為伴手禮
與眾不同的銀座甜點

銀座聚集了許多長期受到喜愛、以及話題性的甜點。
作為伴手禮也很受歡迎，前往購買這些講究的逸品吧。

空也最中
10個裝 1130日圓

從夏目漱石到歌舞伎界人士都相當喜愛的最中，最好事先預訂。香氣四溢的餅皮和紅豆餡的堪稱絕配。

煉菓子
3個 1100日圓
（照片左起抹茶白蜜、草莓、牛奶）
淡雅滑順的口感是一大賣點，也很適合搭配紅茶。抹茶口味請淋上特製的白蜜享用。

千層派
8片裝1188日圓
將麵團疊出256層，由師傅手工塑形的代表作。上面灑滿了白砂糖。

廚師創造的名點
ぎんざかずや
銀座かずや 一

由曾經學習懷石料理的廚師古關一哉費時製作的和菓子相當受到歡迎。原料、顏色、外觀都很講究的煉菓子，最適合當作贈禮。數量有限，建議先預約。
☎03-3503-0080 住千代田区有楽町1-6-8松井ビル1F 時11時30分～15時 休週日、假日（有臨時休業） 交地下鐵銀座站C1出口步行2分 P無 MAP附錄P11B2

傳統咖啡廳的甜點
ぎんざうえすとほんてん
銀座ウエスト本店 二

自昭和22年（1947）創業以來，在銀座深受喜愛的咖啡廳。質樸又充滿懷舊風味的點心，能夠品嘗到材料本身的味道。除了甜點，還有三明治和法式鹹派等輕食。
☎03-3571-1554 住中央区銀座7-3-6 時9～23時（週六、日、假日11時～20時） 休無休 交地下鐵銀座站C3出口步行5分 P無 MAP附錄P11B3

全部手工製作的老字號
くうや
空也 三

明治17年（1884）創業。曾在夏目漱石《我是貓》和林芙美子的小說裡登場的知名店舖。著名的「空也最中」不使用添加物和防腐劑，以手工製作保留素材的原味。經常銷售一空，建議先預訂。
☎03-3571-3304 住中央区銀座6-7-19空也ビル1F 時10～17時（週六～16時） 休週日、假日 交地下鐵銀座站B5出口步行3分 P無 MAP附錄P11B3

可以烙印專屬圖案
隱身於歌舞伎座
後方的名店

手工製作特有的Q彈外皮夾著豐富的自製內餡，「木挽町よしや」的銅鑼燒5個裝600日圓。可以烙印喜歡的圖案，成為最特別的伴手禮。☎03-3541-9405 **MAP**附錄P10D3

盒子的顏色會視時期而變更

四

Royal Heart
4個裝2160日圓
口感濕潤又滑順的濃郁巧克力蛋糕。心型糕點專賣店的招牌商品。

撲克牌棉花糖
50個裝2160日圓
印有撲克牌圖案的棉花糖。附有可愛的賀卡

五

六

核桃餅乾
1盒1296日圓
加入大量核桃的餅乾。有很多種圖案，可以根據送禮對象來挑選。

心型糕點專賣店
あーるはーと
R-Heart 四

以可愛、美味、開心為標語的心型糕點專賣店。曾在PRINTEMPS銀座的地下美食街獲選為最佳甜點、實力堅強的甜點店。只在PRINTEMPS銀座有實體店面。

☎03-3567-0077(代表) 🏠中央区銀座3-2-1PRINTEMPS銀座本館B2F 🕐11～21時(週日～20時) 🈺不定休 🚇地下鐵銀座站C6出口步行2分 🅿116輛(收費) **MAP**附錄P11C2

充滿玩心的甜點
じょり·ぼんぬ
Jolie/Bonne 五

從小朋友到大人都喜愛、以充滿夢想的甜點受到歡迎的Enfant的品牌店。一如「提供可愛又優質的商品」這個概念，推出許多不僅美味更富有玩心的甜點。

☎03-3567-1211(代表號) 🏠中央区銀座3-6-1松屋銀座B1F 🕐10～20時 🈺無休 🚇直通地下鐵銀座站A12出口 🅿200輛(收費) **MAP**附錄P10D2

可愛的包裝也很吸睛
せいこうてい まつやぎんざ
西光亭 松屋銀座 六

藝人和文化界人士等，擁護者眾多的甜點店。不使用化學調味料，每一個都是用心製作。餅乾除了核桃口味，還有杏仁和芝麻、起士等許多種類。

☎03-3567-1211(代表號) 🏠中央区銀座3-6-1松屋銀座B1F 🕐10～20時 🈺不定休 🚇直通地下鐵銀座站A12出口 🅿200輛(收費) **MAP**附錄P10D2

 「銀座三越」的地下樓層有許多只在東京販售的甜點店，可以去看看。

89

不妨到這裡走走！

銀座的推薦景點

🍱 歌舞伎座
かぶきざ

世界唯一的歌舞伎專門劇場

2013年4月重新開幕。承襲上一代的建築之美、在劇場內外設置無障礙設施等，擁有最先進的設備。歌舞伎座塔5F附設歌舞伎座藝廊（另收600日圓入場費）。也有咖啡廳和伴手禮等。

DATA ☎03-3545-6800 🏠中央区銀座4-12-15 🕐視公演而異 🚇直通地下鐵東銀座站3號出口 🅿無 **MAP** 附錄P10D3

🍴 銀座イタリー亭
ぎんざいたりーてい

創業60年以上的義大利餐館

自創業以來，守護著傳統風味，受到許多人喜愛的義大利餐廳。最受歡迎的義大利麵1296日圓（平日1050日圓）。

DATA ☎03-3564-2371 🏠中央区銀座1-6-8 🕐11時30分～15時LO、17時～21時30分LO（週六、日、假日15～17時也營業）※週日、假日1F和B1F皆為21時LO 🈳無休 🚇地下鐵銀座1丁目站6號出口步行1分 🅿無 **MAP** 附錄P10D1

🍴 ルシャスリヨン
るしゃすりよん

銀座的法國料理名店「レカン」的新館

西洋風格的獨棟建築，1F是小餐館，2F則可以品嘗到道地的法國料理。2F的午間全餐3900日圓（服務費10%另計）。

DATA ☎03-3567-5162 🏠中央区銀座2-4-5 ※目前已歇業，預定2017年重新開店

🍴 ナイルレストラン
ないるれすとらん

散發香料芬芳的道地印度風味

昭和24年（1949）創業，所有廚師皆出身印度，可以享用道地口味的知名店家。最熱賣的印度咖哩雞午餐1500日圓。精心燉煮的優質雞腿肉香辣咖哩和熱蔬菜的鮮甜呈現絕妙好滋味。晚餐時段推薦2800日圓的主廚全餐。

DATA ☎03-3514-8246 🏠中央区銀座4-10-7 🕐11時30分～21時30分（週日、假日～20時30分）🈳週二 🚇地下鐵東銀座站A2出口即到 🅿無 **MAP** 附錄P10D3

🍴 銀座キャンドル
ぎんざきゃんどる

名人也經常光顧的老字號西餐館

昭和25年（1950）創業。從開業就非常受歡迎的鮮蝦焗烤通心麵1458日圓，有Q彈的蝦子和滑順又有層次的白醬，是三島由紀夫和川端康成等文豪所喜愛的美食。

DATA ☎03-3573-5091 🏠中央区銀座7-3-6 有賀写真館ビルB1F ※目前已歇業

🍰 Qu'il fait bon GRAND MAISON GINZA
きる ふぇ ぼん ぐらんめぞんぎんざ

使用大量當季水果

以使用大量當季水果的水果塔聞名的甜點店。季節水果塔1片691日圓（照片是春季商品），堪稱絕品。烘焙甜點也很豐富，適合當作伴手禮。

DATA ☎03-5159-0605 🏠中央区銀座2-5-4 ファサード銀座1F・B1F 🕐11～21時 🈳無休 🚇地下鐵銀座一丁目站6號出口即到 🅿無 **MAP** 附錄P10D1

☕ CAFE PAULISTA銀座本店
かふぇーぱうりすたぎんざほんてん

「銀座散步」一詞發源地的老店

在明治時期將咖啡普及化、創業超過100年的咖啡廳。在這間店喝巴西咖啡稱為「銀巴」，正是「銀座散步」一詞的由來（日文中「散步」與「巴西」的「巴」字同音）。只要點杯咖啡，就能獲得「銀座散步證書」。森永咖啡498日圓。

DATA ☎03-3572-6160 🏠中央区銀座8-9 🕐8時30分～22時（週日、假日12時～19時30分）🈳無休 🚇地下鐵銀座站A4出口步行5分 🅿無 **MAP** 附錄P11B4

☕ Lindt Chocolat Café銀座店
りんつ しょこら かふぇ ぎんざてん

盡情品嘗正宗瑞士的高級巧克力

由在瑞士有160年以上歷史的巧克力店直營的咖啡廳。有2種口味可以選擇，巧克力水滴模樣美麗的「Lindt 冰巧克力飲料」1286日圓，堪稱絕品。也有販售蛋糕和馬卡龍。

DATA ☎03-5537-3777 🏠中央区銀座7-6-12 🕐11～22時（週六、日、假日～20時）🈳無休 🚇地下鐵銀座站B5出口步行4分 🅿無 **MAP** 附錄P11B3

🛍 SHISEIDO THE GINZA
しせいどうざぎんざ

在這裡遇見不一樣的自己

擁有140年以上歷史的資生堂匯集經驗和技術打造的3個樓層。憑藉對於美的專業，提供多樣的美容服務。除了化妝品賣場外，也附設髮妝沙龍和攝影棚。獨家推出的包廂化妝課程也很受歡迎。

DATA ☎03-3571-7735 🏠中央区銀座7-8-10 🕐11～20時 🈳不定休 🚇地下鐵銀座站步行7分 🅿無 **MAP** 附錄P11B3

銀座香十 本店
ぎんざこうじゅう ほんてん

延續薰香文化的老店

天正年間（1573～92）起，擁有400年以上歷史的薰香專賣店。從薰香和薰香用品等，到和風小物一應俱全。室內擴香1080日圓～等，也推出以現代風格詮釋薰香文化的商品。

DATA ☎03-3574-6135 住中央区銀座5-8-20GINZA CORE 4F ⏰11～20時 無休（準同GINZA CORE）交地下鐵銀座站A3出口步行1分 P有 MAP附錄P11C3

和光アネックス ケーキ&チョコレートショップ
わこうあねっくす けーきあんどちょこれーとしょっぷ

使用嚴選食材的銀座風味

銀座・和光的食品專賣店。採用新鮮食材的蛋糕和巧克力，送禮用的食品等種類多元。招牌的Chocolat Frais（6個）1944日圓。

DATA ☎03-3562-5010 住中央区銀座4-4-8和光ANNEX 1F ⏰10時30分～19時30分（週日、假日～19時）無休 交地下鐵銀座站A10出口步行1分 P無 MAP附錄P11C2

銀座夏野 本店
ぎんざなつの ほんてん

尋找最適合自己的一雙筷子

網羅2600種以上筷子的專賣店。使用起來相當合手、充滿溫暖的筷子864日圓～，是最適合當作伴手禮的逸品。搭配筷架送出，收到的人也會很高興。

DATA ☎03-3569-0952 住中央区銀座6-7-4銀座タカハシビル1F ⏰10～20時（週日、假日～19時）無休 交地下鐵銀座站B3出口步行3分 P無 MAP附錄P11B3

G.C.PRESS
じー・しー・ぷれす

溝通文具的專賣店

基於「傳遞書寫文化」的概念，網羅100種以上的原創設計商品。照片是四葉幸運草的信紙640日圓和信封378日圓。除此之外還有卡片和貼紙等。

DATA ☎03-6280-6720 住中央区銀座6-5-16三楽ビル1F・B1F ⏰12～20時（週日、假日～18時）週一（假日除外）交地下鐵銀座站B7,B9出口步行2分 P無 MAP附錄P11B3

宗家 源 吉兆庵 銀座本店
そうけ みなもと きっちょうあん ぎんざほんてん

重現四季的水果點心

照片中的TOKOYO 1盒972日圓。將帶點苦味的柚子皮，充分浸泡糖蜜後而成的逸品。除了可以品嘗到充滿季節色彩的和菓子、使用當季水果製成的餡蜜的甜點店，還有可以吃到隨性日本料理的和食餐廳。

DATA ☎03-3569-2360 住中央区銀座7-8-9 ⏰10～21時（週六、日、假日～19時）無休 交地下鐵銀座站A2出口步行5分 P無 MAP附錄P11B3

銀座 平つか
ぎんざ ひらつか

可愛的江戶小物琳瑯滿目

位於金春通、大正3年（1914）創業的老店。陳列著江戶木工藝品、江戶小物等各種充滿工匠技術，可長久愛用的商品。有酢漿草家徽的原創信封袋572日圓（3個裝）、以銀座的柳樹為發想的便條紙464日圓等商品。

DATA ☎03-3571-1684 住中央区銀座8-7-6 ⏰11～18時 週日、假日 交地下鐵銀座站A2出口步行8分 P無 MAP附錄P11B4

📷 前往集結矚目作品的銀座藝廊

銀座的品牌大樓內等處有許多的藝廊。散步時不妨順道前往看看。

RICOH IMAGING SQUARE銀座
りこーいめーじんぐすくえあぎんざ

可愉快放鬆的藝廊

可以更接近照片和相機的影像溝通空間。**DATA** ☎03-3289-1521 住中央区銀座5-7-2三愛ドリームセンター8・9F 僅8F510日圓 ⏰11時～18時30分截止入館 週二 P無 交地下鐵銀座站A2出口即到 MAP附錄P11C3

CANON GALLERY銀座
きゃのんぎゃらりーぎんざ

為提升攝影文化做出貢獻

主要舉辦公開招募作品的攝影展。每週展出不同領域的作品。**DATA** ☎03-3542-1860 住中央区銀座3-9-7 免費入館 ⏰10時30分～18時30分 週日、假日 交地下鐵銀座站A12出口步行3分 P無 MAP附錄P10D2

資生堂Gallery
しせいどうぎゃらりー

日本現存最古老的畫廊

大正8年（1919）開幕。以現代藝術為中心。**DATA** ☎03-3572-3901 住中央区銀座8-8-3東京銀座資生堂大樓B1F 免費入館 ⏰11～19時（週日、假日～18時）週一 交地下鐵銀座站A2出口步行5分 P無 MAP附錄P11B4

📖 販售珠寶飾品和手錶的天賞堂（MAP附錄P11C2）門口的天使像，偷偷射出愛之箭的模樣相當可愛。

資生堂Gallery 辰野登惠子展 抽象，向明日的提問 攝影：岡野圭

重點看過來！
在三座美術館
沉浸於藝術中

六本木集結了三座美術館。別忘了留意時尚的咖啡廳和美術館商店。（☞P100）

重點看過來！
在熱門的餐廳
品嘗美味午餐

藝人和名人聚集的六本木之丘內，有許多知名餐廳。品嘗各家餐廳的招牌料理吧。（☞P96）

重點看過來！
六本木之丘
散步繞上一圈

在網羅可以眺望東京街道的觀景台、知名商店、電影院等的六本木之丘盡情玩樂。（☞P94）

充滿自然和藝術氣息的高雅街區

六本木
ろっぽんぎ

網羅名店的美食，用餐也是一大樂趣

六本木
就在這裡！

是這樣的地方

除了網羅最流行商品的店舖，也有綠意盎然的公園和集結日本國內外話題作品的藝術景點，可以依照自己喜愛的方式來遊玩。以貴婦的心境逛完六本木之丘和東京中城的店家後，再大快朵頤店家招牌的絕品美食。最後，從六本木的觀景台，眺望大都會的夜景後再回家也相當不錯。

access

東京站	羽田機場（國際線航站樓）
地下鐵 丸之內線	京濱急行線、地下鐵淺草線
↓	↓
霞關站	**大門站**
地下鐵 日比谷線	地下鐵 大江戶線
↓	↓
六本木站	**六本木站**
需時13分 車資170日圓	需時38分 車資600日圓

※東京鐵道路線圖請參照附錄P30 廣域MAP 附錄P12-13

～六本木　快速導覽MAP～

別錯過安藤忠雄設計的建築物！
採用日常生活的題材，舉辦各種企劃展。（☞P102）

六本木

前往六本木路口的老字號咖啡廳
粉紅色是標的。也可以做為會合地點。
☎03-3402-1870

觀光的提要

白天和夜晚
享受不同的風情

建議白天進行藝術鑑賞和購物，晚上欣賞夜景和品嘗豪華晚餐。也可以享受夜晚時彌漫成熟氛圍的六本木。

六本木綠意盎然的休憩景點

1 毛利庭園
もうりていえん

擁有廣大腹地的日本庭園。有池塘和瀑布，是奢侈的都會綠洲。
MAP 附錄P13B2

2 中城庭園
みっどたうん・がーでん

四周圍繞著樟樹和櫻花樹等樹木，可以欣賞四季變換的景色。賞花時期特別熱鬧。**MAP** 附錄P13B1

3 港區立檜町公園
みなとくりつひのきちょうこうえん

與中城花園相鄰。園內有重現日本之美的庭園和草坪廣場。
MAP 附錄P13C1

4 櫻坂公園
さくらざかこうえん

有藝術家所設計、五顏六色的溜滑梯和機器人形狀的塔等。
MAP 附錄P13B3

佔地廣闊的六本木之丘
經典路線看這裡

可以一覽大都會的TOKYO CITY VIEW等，充滿各種魅力的六本木之丘。
以下規劃經典路線，介紹來到這裡不容錯過的地點。

▶以森大廈為中心，由朝日電視台、東京君悅酒店等構成

ろっぽんぎひるず
★ 六本木之丘 ★
集結了可一覽東京美景的觀景台&高品味的商店

逛上一圈 **90分**

以地標「森大廈」為中心，除了美術館、觀景台、電影院，還網羅了約220家商店、咖啡廳、餐廳等的複合商業設施。可將都心一覽無遺的觀景台以及購物、用餐等，可以玩上一整天。前往腹地內的毛利庭園散步也很不錯。

☎03-6406-6000　圓港区六本木6-10-1ほか　◐視設施而異　困不定休　交直通地下鐵六本木站1C出口　Ｐ2762輛（收費）　MAP附錄P13B2

1

METRO HAT／HOLLYWOOD PLAZA

Metro Hat
往六本木通　往六本木站

六本木之丘NORTH TOWER
Hollywood Beauty Plaza
NORTH TOWER

六本木之丘
Cross Point

六本木之丘
森大廈

HILL SIDE

WEST
WALK

毛利
庭園
森美術館
TOKYO CITY VIEW [觀景台]

東京君悅酒店

Museum Corn

朝日電視台

環状3号線

KEYAKIZAKA
六本木けやき坂大道

櫸木坂露臺

テレビ朝日通り

櫸木坂Complex

六本木之丘ARENA

Start!

2

森大廈25F
とうきょうしてぃびゅー
📷 TOKYO CITY VIEW

透過大大的窗戶欣賞東京

可以近距離看到東京鐵塔、高250公尺的觀景台。360度的玻璃帷幕、充滿開放感的樓層，可以看到東京晴空塔和新宿的高樓大廈等東京著名的觀光景點。這裡可以欣賞高樓大廈林立的壯觀景色，是相當受歡迎的景點。

☎03-6406-6652　¥入館1800日圓　◐10時～22時30分截止入館(週五、六、假日前一天～24時截止入館)　困不定休

3　　4

1 可以眺望東京鐵塔和東京灣的絕佳地點 2 欣賞點上燈光後相當浪漫的東京夜景吧 3 松尾たいこ迷你檔案夾 各270日圓 4 蜷川實花佐久間糖1罐432日圓

冬日風情畫
欅木坂的
燈光秀

六本木之丘內的六本木欅木坂大道、66 PLAZA、毛利庭園等3個地方，11月上旬～12月25日之間會點上燈光。可以從六本木欅木坂大道看見點燈時的東京鐵塔。照片是之前的模樣。

Nacasa & Partners Inc.
WEST WALK2、3F

あじと
🛍 AGITO

讓大人的生活更加豐富的品牌

如同美術館的店內，陳列著典雅的日式雜貨和雅致家具、頂尖設計的雜貨等，商品種類豐富多元。網羅由藝術家和設計家、專家所打造的商品，相當優質的精品店。

☎03-5770-4411 🕚11～21時

◀寬敞的店內有許多雅致的商品

TYPO盤 各4140日圓
大大的字母和雙色設計相當鮮豔的盤子

EAMES MUG
各2160日圓
照片印刷色彩明亮的馬克杯

Padonni Gift
3996日圓
網羅「義大利的廚房」Puglia地方食材的彩色義大利麵組合
※內容可能會不同。

毛利庭園
もうりていえん
📷 毛利庭園

▲佔地約4300平方公尺。也是著名的賞櫻景點

有池塘和綠意點綴的美麗庭園

將舊毛利邸的庭園加以利用，回遊式的日本庭園。以池塘為中心，有瀑布、溪流、流水聲、櫻花和銀杏等樹木，相當愜意的空間。日落後會點燈，呈現夢幻的氛圍。🕚7～23時

綜合莓果鬆餅
1200（2片）日圓
鬆軟的餅皮和奶油&莓果是絕佳的搭配

蝦子酪梨鬆餅
1300日圓
食材和蜂蜜芥茉醬組成的菜色

▼以花草裝飾的水晶燈增添了店內的色彩

Goal!

WEST WALK3F
ろっぽんぎひるずあーと あんど でざいん すとあ
🛍 六本木之丘ART & DESIGN STORE

66星人 玩偶
社長 5616日圓
村上隆設計的六本木之丘的吉祥物。最受歡迎
©Takashi Murakami / Kaikai Kiki Co.,Ltd. All Rights Reserved.

網羅現代藝術風格的商品

販售代表著現代的藝術家村上隆、奈良美智、草間彌生、蜷川實花等人的商品。也有和藝術家合作的聯名商品。由現代美術的先驅打造、藝術性的糖果，最適合當作伴手禮。

☎03-6406-6280 🕚11～21時

◀美術館&設計商品等多樣化的商品

松尾たいこ
太妃糖
1盒972日圓
盒子三面各自有松尾たいこ的畫，內有3種糖果

HILL SIDE地下1F
もろこばー
🍲 MOROKO BAR

營造出像是待在自己房間裡的氛圍

服飾品牌「MOROKO BAR」打造的咖啡吧。服飾店中附設咖啡吧，可以一邊休息一邊享受購物樂趣。在放置著搶眼擺飾的店內，品嘗店家自豪的鬆餅吧。☎03-3470-1065 🕚11～22時LO

 森大廈的52F有販售代表20世紀的藝術家的商品，以及森美術館的展覽會商品。

氣氛絕佳
六本木之丘的人氣餐廳

彌漫著成熟氛圍的六本木，有許多造成話題的餐廳。
六本木之丘更是網羅了其中特別受到好評的餐廳，在這裡品嘗絕品美食吧。

季節義大利麵午餐
1950日圓
前菜、義大利麵、甜點、咖啡的
豪華午間套餐

平日午餐菜單A
4104日圓
份量十足的套餐。
有2種主菜可以選擇

平日午餐A套餐
1029日圓
招牌的小籠包，配上每個月
不同的麵或是白飯的套餐

森大廈52F
まどらうんじ
MADO LOUNGE

可以飽覽東京鐵塔的
絕景餐廳

位於高250公尺的觀景台附設的餐廳。由一流飯店出身的主廚製作的義大利料理，搭配美麗的景色一同品嘗。

☎03-3470-0052 ☒入場500日圓(11～17時)、1500日圓(18時以後※可使用觀景台) ⏰11～17時、18時～凌晨1時(週日、假日～23時)視區域而異

東京君悅酒店4F
てっぱんやき けやきざか
鉄板焼 けやき坂

將高級&特色食材
以鐵板爽快烹調

室内裝潢使用杉木與胡桃木，在時尚的氣氛下品嘗鐵板燒。東京都内只有這裡可以吃到、群馬縣產的珍貴豬肉等，由主廚在面前將高級食材煎到鮮嫩多汁。除此之外還網羅了從全日本精挑細選的各種食材。

☎03-4333-8782 ⏰11時30分～14時30分、18時～21時30分

HILL SIDE 1F
なんしょうまんとうてん
南翔饅頭店

號稱上海人氣第一
老字號小籠包店

在中國上海創業100年以上的老字號。從上海總店招聘而來的點心師傅製作的招牌菜色豬肉小籠包（6個）864日圓，以及各種豐富的點心。午餐的菜色也很豐富。大閘蟹蟹黃小籠包4個1242日圓等，網羅各種豪華的菜色。

☎03-5413-9581 ⏰11～23時(週三～六～23時30分)

▲一整面都是玻璃、充滿開放感的店内 ▶從主餐廳的正面也可以看到晴空塔

▲挑選蔬菜，當場進行料理 ▶也有品嘗飯後甜點的休息空間

▲1920年代的上海為概念的沉穩店内裝潢 ▶秘傳的超薄麵皮裡充滿濃郁的肉湯

※店内配置可能視時期而異

絕美風景

盡情大啖
傳統義大利風味

位於東京君悅酒店1F大廳層的人氣義大利咖啡廳「FIORENTINA」。供應以當季食材製作的各式料理。
☎03-4333-8780 ⏰9～22時
MAP附錄P13B3

午間套餐
990日圓～（照片為牛肉套餐1490日圓）
主菜附沙拉、湯品、小菜、飲料

手工番茄海鮮義大利麵
2376日圓
手工義大利麵，配上大量的蝦子和海瓜子，是主廚的自信之作

D.O.C比薩
2280日圓
在世界頂尖的比薩盛會「PIZZA FEST」中榮獲最優秀獎

HILL SIDE地下2F
えーだぶりゅ えれめんつ ぐりる あんど ばー
AW ELEMENTS GRILL & BAR

支援生產者的餐廳
新店開幕

2014年5月開幕的AWkitchen的餐廳&酒吧。老闆兼主廚渡邊明，將在世界各地旅行時吃到的、體驗到的付諸為料理。特別推薦將嚴選的各種肉類豪爽地串起來、葡萄牙的傳統烤肉串。

☎03-5786-6355 ⏰11～24時（週五、六、假日～翌5時）

KEYAKIZAKA 1F
あんでいあーも
Andiamo

原汁原味的道地家常菜
感受得到義大利風情的餐廳

由曾在義大利研修的主廚所打造、以重現道地風味的義大利麵而自豪的店。供應使用新鮮食材製作的義大利鄉村料理。義大利麵或是比薩附甜點1200日圓，還有超值的平日午間套餐。

☎03-5413-6614 ⏰11時～16時30分LO、17～22時LO

HILL SIDE地下2F
もうり さるゔぁとーれ くおも
毛利 Salvatore Cuomo

拿坡里的世界大賽中
榮獲No.1的頂級比薩

可以品嘗到在世界最頂尖的比薩大賽上得到優勝、道地的拿坡里風味。使用稀有的水牛莫札瑞拉起司，以約400度的高溫一口氣烤出的比薩，饒富風味的起司及Q彈的口感相當美味。從露天座位可以眺望東京鐵塔，也能欣賞夜景。

☎03-5772-6675 ⏰11時～早上5時（週日、假日前日～23時）

▲除了桌席、包廂外，還有設置DJ台的吧台座位 ▶將赤城牛和海鮮做成串烤

▲以義大利南部為發想的明亮店內 ▶可以從好幾種麵中挑選與料理搭配的

▲位於毛利庭園前，周圍綠意盎然 ▶烤雞1280日圓（3塊）等肉類餐點也很推薦

📖 國際色彩濃厚的六本木，除了和食和西餐，也有許多異國料理的店，可以品嘗到多元的類型，也是一大魅力。

晴空萬里的舒適好天氣
漫步東京中城

坐擁綠色庭園，有如都會綠洲的東京中城。
在草地上享受小小野餐後，充分享受購物和美食的樂趣！

とうきょうみっどたうん
✴ 東京中城 ✴
洗鍊的空間中
集結了高品味的商店

2012年3月迎接5週年的複合設施。
以主要購物區域「GALLERIA」為
中心，集結了130家以上的商店和
餐廳。館內也有三得利美術館（☞
P100）。可以在草坪上放鬆休息、
綠意盎然的東京中城庭園，在這裡
散步也相當舒服。

☎03-3475-3100 🏠港区赤坂9-7-1 ほか
🕚11～21時（餐廳～24時）※視設施而異
休無休 🚉直通地下鐵六本木站8號出口
🅿390輛（收費）MAP附錄P13B1

▲晴天時的東京中城庭園是東京人的休憩場所

▲ 空中走廊的牆壁是用和紙
作的 ◀集合日本國內外知名
建築師和設計師設計的建築

Green & Park
📷 ミッドタウン・ガーデン
中城庭園

四季變換之美
六本木的休憩處

被櫻花樹和樟樹等約140棵樹木
圍繞的廣大庭園。為了使人感受
到四季的變換，在將美麗的花卉
種植於各處上也下了一番工夫。
視時期也會舉辦藝文活動和體驗
講座等。

▲ 也很推薦購買
外帶餐點和甜點
在這裡享用

位於中城內的
免費照片藝廊

中城西區1F的「富士膠片廣場」，除了裝飾著作品的照片沙龍，還有展示歷代照相機的照片歷史博物館。☎03-6271-3350 **MAP**附錄 P13B1

午餐B（平日）
1600日圓
6～7種比薩可供選擇，套餐附有沙拉和咖啡

PLAZA地下1F

びっつぇりあ とらっとりあ なぷれ

Pizzeria Trattoria Napule

義大利人也讚不絕口的
人氣比薩

可以品嘗到20種以上的道地拿坡里比薩和義大利鄉村料理為主軸的菜色。使用義大利直接進口的麵粉製作餅皮，再以約480度的柴窯燒烤成外皮酥脆，裡面Q彈的極品比薩。

☎03-5413-0711 ⏰11～14時
LO、17時30分～22時30分LO

營業到很晚還是點也很貼心

GALLERIA 2F

わこーるでぃあ

WACOAL DIA

推出高時尚度的
女用內睡衣

販售以流行的觀點為發想的美麗內睡衣、華歌爾的旗下品牌。使用細緻華麗的蕾絲，製作出流行性高、穿上後身形更漂亮的細肩帶背心和上衣等。

☎03-5413-0615 ⏰11～21時

睡衣 59400日圓
細肩帶背心 52920日圓
襯裙 48600日圓
Mariage系列商品。以經典玫瑰色既清純又大膽、可愛又性感的設計為特徵

店內設有寬敞的試衣間

當日ukarry 1080日圓
咖哩菜色每天更換。使用100%植物性咖哩塊，口味香辣

GALLERIA 2F

うかふぇ

ukafe

講究食材和美麗的
自然派咖啡廳

餐點大量使用有機蔬菜等講究的食材，強調由內而外散發出的整體美。使用新鮮雞蛋的「ukafe丼」（附味噌湯）1050日圓，還有每週不同的糕點都相當受歡迎。

☎03-6438-9920 ⏰11～22時LO
（飲料～22時30分LO）

Beauty Juice
820日圓
完整加入藍莓和香蕉果肉的果汁。對於眼睛疲勞很有效

簡單又溫馨的空間。牆上的畫也很可愛

燒酎金平糖
（麥、芋）
各564日圓
大量使用道地燒酎的糖果。可作為伴手禮送給喜歡喝酒的朋友

GALLERIA 3F

じ かばー にっぽん

THE COVER
NIPPON

感受得到日本型式美的
雜貨和服飾羅列

活用日本各地素材的工藝品和染織品等，網羅設計優秀的日本製商品的生活風格店舖。也有送禮用的優質室內擺飾和小物、餐具類等，最適合來此尋找伴手禮。

☎03-5413-0658 ⏰11～21時

玻璃酒器對杯
7020日圓
結合漆器和玻璃的美麗逸品

網羅和食衣住行相關的商品。充滿季節感的裝潢也是魅力之一

📖 中城內的各個場所都會舉辦活動。先在網站上確認後再前往會更加盡興。

六本木的藝術三角
3座美術館的遊賞方法

以六本木站為中心，有3座各具特色的美術館。這裡介紹各個
設施的特徵、以及3處一起遊逛的優點等充分欣賞六本木藝術的方法！

藝術三角是？

國立新美術館、三得利美術館、森美術館這3座美術館，以六本木站為中心，在地圖上剛好形成一個三角形，因此得名。有稱為「ATRo優惠」的活動，只要出示目前展覽的有效票根，另外2館的參觀費用就可以打折。適用於「ATRo優惠」的展覽會有時會變更，記得事先在網站上確認。

{ 🔺 藝術三角的3座美術館 }

©木奧惠三

こくりつしんびじゅつかん
國立新美術館

優雅外觀令人印象深刻的美術館

以玻璃打造出嶄新曲線的建築，是出自活躍於日本國內外的建築師黑川紀章的設計。號稱日本規模最大的展示空間，另附設戶外展場。後現代風格的館內有著沉靜的氛圍。

☎03-5777-8600(Hello Dial語音服務) 🏢港区六本木7-22-2 🎫視展覽而異(免費入場) 🕐10時～17時30分截止入館(展期中的週五19時30分截止入館) 🈺週二(逢假日則翌日休) 🚉直通地下鐵乃木坂站6號出口 🅿無 **MAP** 附錄P13B2

◆展示的特色

是國立美術館中唯一沒有收藏品的美術館。不分類別，展示世界知名畫家與新銳創作者的各種作品。

集結日本國內外的各種企劃展

© 「Artist File 2011」鬼頭健吾 展示現場

さんとりーびじゅつかん
三得利美術館

現代日式風格的嶄新建築

以「傳統與現代的融合」為主題，由世界知名建築師隈研吾設計的美術館。館內使用木材與和紙，打造出充滿大自然溫暖的空間。

☎03-3479-8600 🏢港区赤坂9-7-4 東京中城 GALLERIA 3F 🎫視展覽而異 🕐10時～17時30分截止入館(週五、六為～19時30分截止入館) 🈺週二、換展期間 🚉直通地下鐵六本木站8號出口 🅿無(利用東京中城的停車場) **MAP** 附錄P13B1

◆展示的特色

含國寶及重要文化財，展示繪畫和陶瓷、染織品等，收藏約3000件日本自古以來的美術品和東西方的玻璃工藝品。無常設展覽。

收藏日本傳統之美

「挑戰夢想 收藏的軌跡」展(2011年)的展示現場

もりびじゅつかん
森美術館

位在高250公尺的藝術發信地

可在寬敞的展示空間裡，近距離感受藝術的美術館。開館至22時，可以欣賞夜景。

☎03-5777-8600(Hello Dial語音服務) 🏢港区六本木6-10-1六本木之丘森大廈53F 🎫入館1500日圓(與TOKYO CITY VIEW的共通票。視展覽而異) 🕐10時～21時30分截止入館(週二～16時30分截止入館) 🈺展覽期間無休 🚉直通地下鐵六本木站1C出口 🅿無(利用六本木之丘的停車場) **MAP** 附錄P13B2

◆展示的特色

以亞洲為中心，率先介紹來自世界各個區域的前衛藝術。流行、影像、照片等，以嶄新的切入點舉辦展覽。

親身感受最前衛的現代藝術

「李昢個展：我，只屬於你」森美術館 攝影：渡邊修(2012年)

逛逛美術館商店

**SLEEVE
BAG ①
各3024日圓**
浴衣與和服創作
家高橋理子製作
的手提袋

**天然染色
筷子袋
各800日圓**
以咖啡豆渣、
烏龍茶渣染色
的筷子袋

 ④

**會田誠
瀑布畫拼圖
3291日圓** ⑦
將奇才會田誠
的作品變成
1000片的拼圖

**amabro
小碟子
各1404日圓** ②
傳統的圖案加上
村上周的設計，
有田燒的碟子

**馬克杯
各1680日圓**
以被描繪於重
要文化財「色
繪五艘船文獨
樂形缽」裡的
荷蘭人為發想

 ⑤

**柯比意
明信片組
各1080日圓** ⑧
建築師柯比意
描繪的明信片

**MAG
1728日圓** ③
國立新美術館
LOGO的原創馬
克杯。最適合當
作伴手禮

**色鉛筆
日本的顏色
1800日圓**
日本人自古以
來熟悉的12種
顏色的色鉛
筆。有許多柔
和的顏色

 ⑥

**小野洋子「夢」
公益版
54000日圓
（限定100本）** ⑨
附有小野洋子
親筆簽名的公
益作品

國立新美術館 ① ② ③
すーぺにあぶろむどーきょー
SOUVENIR FROM TOKYO
集結獨特的商品
網羅藝術總監佐藤可士和所設計的原
創商品。
☎03-6812-9933 ⏰10～18時（週五～
20時）㊡週二（逢假日則翌平日休）

三得利美術館
しょっぷばいかふぇ
shop × cafe
豐富的原創商品
以美術館的收藏為發想、只有這裡才
買得到的雜貨等相當豐富。
☎03-3479-8600 ⏰10時30分～18時
（週二11時～。換展期間除外的週五、
六～20時）㊡展示期間的週二

森美術館 ⑦ ⑧ ⑨
もりびじゅつかんみゅーじあむしょっぷ
森美術館商店
展覽賣商品好吸睛！
網羅舉辦中的展覽會的手冊、藝術家
商品。
☎03-6406-6118 ⏰10～22時（週二
～17時）㊡準同森美術館

美術館的咖啡廳也很棒

國立新美術館
さろん・ど・て ろんど
Salon de Thé ROND
漂浮在空中的近未來咖啡廳
位於國立新美術館內，好像漂浮
在空中般的設計的咖啡廳。與展
示會合作的甜點也相當受歡迎。
☎03-5770-8162 ⏰11～18時（週五
19時）㊡週二

**蛋糕套餐
1080日圓**
充滿藝術感的
裝飾也是美術
館咖啡廳風格

三得利美術館
しょっぷばいかふぇ
shop × cafe
加賀麩的老店製作的新甜點
由金澤的老字號麩專賣店打造的
咖啡廳。也有加入了招牌的麩的
甜點。
☎03-3479-8600 ⏰11～18時（換展
期間除外的週五、六～20時）㊡展示期
間的週二

**白玉生麩餡蜜
850日圓**
高雅的紅豆沙和Q
彈的麩，風味絕妙

公共藝術也不要錯過

Isa Genzken「玫瑰花」2003
(1993) 照片提供：森美術館

以「文化都心」為概念的
六本木之丘周邊，有許多
公共藝術和街道設施，點
綴了街道。一邊在六本木
街上散步，一邊鑑賞藝術
作品吧。

不妨到這裡走走！

六本木的推薦景點

もりあーつせんたーぎゃらりー 森藝術中心畫廊

舉辦各種類型的展覽會

位於六本木之丘森大廈52F、和觀景台同樓層的藝廊。從流行、動漫等與貼近生活的主題到正統的藝術，舉辦各種類型的展覽會。

DATA ☎03-5777-8600 住港区六本木6-10-1六本木之丘森大廈52F Y依視展覽會而異 休不定休 交直通地下鐵六本木站1C出口 P2762輛(收費) MAP附錄P13B2

とうーわん とうーわん でざいん さいと 21_21 DESIGN SIGHT

草地中央的設計空間

攝影:吉村昌也

由三宅一生、佐藤卓等人擔任創意總監的設計空間。舉辦以日常為主題的展覽會、講座等各種方面的活動。建築物則是由安藤忠雄所設計。

DATA ☎03-3475-2121 住港区赤坂9-7-6東京中城庭園內 Y入館1000日圓 時11時～19時30分截止入館 休週二 交地下鐵六本木站8號出口步行5分 P無 MAP附錄P13B1

てれびあさひ 朝日電視台

朝日電視台的吉祥物GO-Chan在這裡

位於六本木之丘的朝日電視台，1F的中庭裡有許多人氣節目的企劃展。有時也會舉行活動和新節目的記者會。此外可以將毛利庭園一覽無遺的咖啡廳、販售節目周邊商品的朝日電視台商店也相當推薦！

DATA ☎03-6406-5555 住港区六本木6-9-1 Y免費入場 時9時30分～20時30分 休無休 交地下鐵六本木站1C出口步行5分 P無 MAP附錄P13B3

めんしょうのこころつくし つるとんたん ろっぽんぎみせ 麺匠の心つくし つるとんたん 六本木店

滑順的道地手工烏龍麵

總店位於大阪宗右衛門町的知名烏龍麵專賣店。以讚岐烏龍麵為基本、有嚼勁的自製烏龍麵為賣點。放在直徑約30公分的大碗裡的大片豆皮烏龍麵730日圓是人氣招牌菜色。

DATA ☎03-5786-2626 住港区六本木3-14-12 時11時～午前8時 休無休 交地下鐵六本木站3號出口步行3分 P無 MAP附錄P13C2

れすとらん さくら Restaurant SAKURA

東京都心的低調法國料理名店

位於為了國際交流而興建、有著美麗日本庭園的國際文化會館內的餐廳。自選午餐全餐3150日圓，是湯和前菜共5種、主菜6種、甜點7種可自由搭配的超值午間全餐。

DATA ☎03-3470-4611 住港区六本木5-11-16 時11時30分～14時、17時30分～22時 休無休 交地下鐵麻布十番站7號出口步行5分 P20輛 MAP附錄P13C3

ぐりるまんてんぼし あざぶじゅうばん ほんてん グリル満天星 麻布十番 本店

傳承自創業時的正統派洋食

昭和29年（1954）創業。持續守護著開業當時的食譜。多蜜醬蛋包飯1944日圓堪稱絕品。

DATA ☎03-3582-4324 住港区麻布十番1-3-1アポリアビルB1F 時11時30分～15時30分、17時30分～22時(週六、日11時30分～22時) 休週一(逢假日則營業) 交地下鐵麻布十番站7號出口步行1分 P無 MAP附錄P13C3

ぶらっすりー ぽーる・ぼきゅーず みゅぜ BRASSERIE PAUL BOCUSE Le Musée

輕鬆品嘗正統派法國料理

由法國料理界的重量級人物Paul Bocuse打造、海外的首間法式餐館。可以輕鬆品嘗高品質的料理。午間全餐2160日圓。

DATA ☎03-5770-8161 住港区六本木7-22-2國立新美術館3F 時午餐11～16時LO、晚餐16時～19時30分LO(週五～20時30分LO) 休週二 交直通地下鐵乃木坂站6號出口 P無 MAP附錄P13B2

ほしのこーひーてん ろっぽんぎてん 星乃珈琲店 六本木店

一定要品嘗鬆軟的舒芙蕾！

直火烘焙嚴選咖啡豆的星乃特調600日圓等，可以品嘗到講究的咖啡。厚達4公分的窯烤舒芙蕾鬆餅等洋食餐點齊備。3種糖漿可供選擇的雙層舒芙蕾鬆餅700日圓。

DATA ☎03-6804-5921 住港区六本木7-14-7トリニティビル1F 時10時～22時30分(週六、日9時～) 交地下鐵六本木站4a出口即到 P無 MAP附錄P13C2

ぶらっせりー ゔぁとう Brasserie Va-tout

像是身處巴黎街角的優雅咖啡時光

位於離六本木鬧區有些距離的外苑東通上，住在附近的外國人經常光顧的咖啡餐廳。有5種可以選擇的每日午餐1000日圓以單點為主的晚餐菜色，可以搭配葡萄酒，品嘗正宗的餐館料理。

DATA ☎03-3568-2080 住港区六本木5-17-1 AXISビル1F 時11～23時(週日、假日～22時) 交地下鐵六本木站5號出口步行6分 P無 MAP附錄P13C2

Campo Marzio Design
かんぽ まるついお でざいん

超越時代受到喜愛的設計

來自義大利的文具製造商，在日本的第一家直營店。配色鮮艷的文具、義大利皮革製的皮件小物等，網羅許多與眾不同、適合上班使用或送禮的商品。

DATA ☎03-6447-2756 **住**東京都港区六本木6-10-1WEST WALK 4F **⏰**11～21時 **休**無休 **交**地下鐵六本木站1C出口步行3分 **P**2762輛（收費）**MAP**附錄P13B2

Style meets people
すたいる みーつ ぴーぷる

網羅提升日常生活品質的豐富商品

包含沐浴及香氛，以療癒系商品提供「優質的放鬆時光」。也有販售風格獨特的禮品。照片是以紐約曼哈頓的4個區域為發想的原創香氛蠟燭。

DATA ☎03-5413-3705 **住**区赤坂9-7-4 東京中城GALLERIA 3F **⏰**11～21時 **休**直通地下鐵六本木站8號出口 **P**390輛（收費）**MAP**附錄P13B1

夢のまた夢
ゆめのまたゆめ

研發有益身心的美味甜點

販售對身體有益的西點的甜點店。最適合當作伴手禮的丸夢蛋糕1個1300日圓，採用被稱為「夢幻地瓜」的知名蜜地瓜。完全不使用泡打粉等，充分呈現出素材本身甘甜的逸品。

DATA ☎03-5771-7077 **住**港区元麻布3-1-37 **⏰**10～19時（週日～17時）**休**第4週日 **交**地下鐵六本木站1C出口步行10分 **P**無 **MAP**附錄P13B3

たぬき煎餅
たぬきせんべい

入口處的大狸貓是標的

店面上手工燒烤的「直燒」煎餅相當知名，就連藝人也經常光顧。煎餅的味道分為大狸、小狸、古狸、元老狸等4種口味。伴手禮的話，童子里1包141日圓、大狸6片裝540日圓等都很推薦。

DATA ☎03-3585-0501 **住**港区麻布十番1-9-13 **⏰**9～20時（週六、假日～18時）**休**週日 **交**地下鐵麻布十番站7號出口即到 **P**無 **MAP**附錄P13C3

浪花家総本店
なにわやそうほんてん

大排長龍！麻布名產鯛魚燒

1天可賣出2000個的鯛魚燒1個150日圓。皮薄香酥，就連尾巴的地方都有滿滿的餡。週六、日總是大排長龍，可打電話或直接前往預約。創業100年以上、充滿歷史的入口也別不要錯過。

DATA ☎03-3583-4975 **住**港区麻布十番1-8-14 **⏰**11～19時 **休**週二、第3週三 **交**地下鐵麻布十番站7號出口即到 **P**無 **MAP**附錄P13C3

MAHARAJA ROPPONGI
まはらじゃろっぽんぎ

創下許多傳說的熱門舞廳

在80年代後半的泡沫經濟時期造成一股風潮，在媒體上成為話題的高級連鎖舞廳。在許多支持者的期盼下，2010年11月以「MAHARAJA ROPPONGI」重現江湖。女性2500日圓（附飲料）。

DATA ☎03-6804-1798 **住**港区六本木3·12·6六本木プラザビル6F **⏰**19～24時（週五、六～凌晨1時）**休**無休 **交**地下鐵六本木站5號出口步行1分 **P**無 **MAP**附錄P13C2

 前往至今仍深受喜愛的東京鐵塔！

除了瞭望台，還有咖啡廳和伴手禮商店等諸多景點

東京鐵塔
とうきょうたわー

代表東京的著名地點

DATA ☎03-3433-5111 **住**港区芝公園4-2-8 **¥**大瞭望台900日圓（特別瞭望台需另加700日圓）**⏰**大瞭望台9～22時（截止入場～21時45分，特別瞭望台～21時）**休**無休 **交**地下鐵赤羽橋站赤羽橋口步行5分 **P**200輛（收費）**MAP**附錄P12E3

大瞭望台
だいてんぼうだい

360度的全視野景觀

高150公尺、2層樓的瞭望台。可以360度欣賞東京的景色，晴天時還能將富士山和房總半島一覽無遺。推薦晚上前往，可以欣賞到浪漫的大都會夜景。還有免費的望遠鏡租借服務。

Café La Tour
かふぇ ら·とーる

一邊欣賞大都會的景色一邊休息

高145公尺、位於大瞭望台1F的咖啡廳。除了本店招牌的霜淇淋380日圓，輕食和原創聖代等也很豐富。耶誕節或是根據季節也會推出限定甜點，千萬不要錯過。

⏰9時30分～21時30分LO

生日當天前往東京鐵塔，有甜點和特製生日卡、餐廳優惠等好禮。

重點看過來！
在神南的街道愉快購物♪
在人氣的雜貨和二手衣店、精品店雲集的神南周邊，享受購物樂趣。（☞P108）

重點看過來！
逛逛 澀谷HIKARIE
網羅以大人為訴求的商店。知名甜點師傅所開的店也很多。（☞P106）

重點看過來！
走遠一些 前往代官山
代官山有許多時尚的店和咖啡廳。搭乘東急東橫線也只要1站，一定要去看看。（☞P110）

傳播流行的時尚街區

澀谷
しぶや

是這樣的地方

代官山有販售進口雜貨等可愛的店舖

以SHIBUYA109為中心，也是知名的流行傳播地。車站周邊像是2012年開幕的「澀谷HIKARIE」等，販售流行服飾和造成話題的甜點的商店相當豐富。從車站往原宿方向步行10分左右的神南區域裡，有許多獨具個性的雜貨和二手衣店、咖啡廳等。散步時遇到感興趣的店就進去看看吧。

澀谷就在這裡！

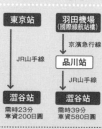
山手線　池袋　新宿　中央線　原宿　半藏門線　惠比壽　澀谷　品川　上野　秋葉原　東京　新橋　淺草線　銀座線　淺草　神田　東京晴空塔前

access

東京站	羽田機場（國際線航站樓）
↓ JR山手線	↓ 京濱急行線
	品川站
	↓ JR山手線
澀谷站	澀谷站
需時23分 車資200日圓	需時39分 車資580日圓

※東京鐵道路線圖請參照附錄P30 廣域MAP 附錄P16-17

~ 澀谷　快速導覽MAP ~

観光的提要

走遠一些
往其他地方也很方便

除了代官山（☞P110），中目黑和自由之丘等人氣區域也都只要搭乘1班電車即可前往，推薦逛完澀谷後可前往其他區域。

澀谷

著名的會合地點
忠犬八公像

澀谷站八公口的忠犬八公像。也有許多人會和它拍攝紀念照。

南口有
摩艾像！

30年前就有，也作為會合地點使用。

澀谷的人氣購物景點

1 SHIBUYA109
しぶやいちまるきゅー

以「MARUKYU」的暱稱為人熟知、象徵澀谷街區的一大流行商業大樓。受到年輕人喜愛，有各種風格的品牌進駐。
MAP 附錄
P17C2

2 澀谷PARCO PART 1
しぶやぱるこ ぱーとわん

網羅許多受到女性喜愛的流行品牌。7、8F是餐廳。上映話題和人氣作品的PARCO劇場則位於9F。
MAP 附錄
P16D2

3 丸井JAM澀谷
まるいじゃむしぶや

1～6F販售女性流行服飾的商業大樓。斜對面是丸井CITY澀谷。也有許多販售飾品的流行雜貨店。
MAP 附錄
P17C3

4 澀谷MARK CITY
しぶやまーくしてい

約136間店面進駐的複合式大樓。5～25F是「東急澀谷卓越大酒店」。也有餐廳、咖啡廳等各種商店。
MAP 附錄
P17B2

大人的流行傳播中心
澁谷HIKARIE的焦點店家

2012年誕生於澁谷站東口正面的地標。
有許多知名甜點師傅的店鋪，非常適合來這裡尋找伴手禮。

★ 澁谷HIKARIE ★
しぶやひかりえ

許多首次進駐東京的商店！
澁谷的地標

直通澁谷站的高層複合設施。以「大人」為主要客群，地下3F到地上5F是購物樓層「ShinQs」，6、7F則是咖啡廳&餐廳，11～16F則是音樂劇場劇場「東急THEATRE Orb」。特色是有許多首次進駐澁谷、以及新型態的商店。

☎03-5468-5892
(ShinQs☎03-3461-1090) 値渋谷区渋谷2-21-1 ◯10～21時
(咖啡廳&餐廳～23時) 休無休 交直通東急東横線・JR等澁谷站 P402輛(收費)
MAP附錄P17B3

❶女性流行商品相當齊全 ❷全部是玻璃帷幕，可一覽明治通、澁谷站、八公廣場 ❸位於3～5F的休息空間。使用「IDEE」的家具

焦點的雜貨

手巾
各1188日圓～

以稱為手擦染的傳統技法製作

◀ShinQs限定的商品也不少

ShinQs／5F
あんぼう

新型態

anbo

時髦的手巾和日式雜貨

由淺草的人氣手巾店打造的店面。由師傅一條一條手工染製的原創手巾，有著各式各樣的圖案。

☎03-6419-4447 ◯10～21時

ShinQs／5F
でぃーえるびー
日本第一間

DLP

來自法國的流行雜貨

由12位法國設計師創立的品牌。有各種五顏六色又可愛的廚房雜貨和文具。

☎03-3486-8033 ◯10～21時

葡萄酒保冷袋
2376日圓

內側是保冷布，也適合當作禮物袋

購物袋S
2376日圓

當作環保購物袋使用相當不錯

34F	
17～34F	辦公室
17F	
11～16F	東急THEATRE Orb
12F	劇場花園
11F	Hikarie Hall
9～10F	
9F	Creative Space「8/」
8F	
6～7F	咖啡廳&餐廳
6F	
直通JR澁谷站明治通方向 2F	
1F	
直通地下鐵 B3F	地下3F～5F
B4F	停車場
	ShinQs(購物樓層)

再走遠一些
在澀谷
鑑賞藝術

設有音樂廳、劇場、美術館、電影院等多樣化的文化設施，可以親身感受日本國內外多元藝術的「Bunkamura」。也別錯過商店和咖啡廳。☎03-3477-9111 MAP
附錄P16D1

★ 焦點的伴手禮 ★

❶ 內用的巧克力和飲料的套餐1100日圓。照片中的飲料是Flat White ❷ 巧克力1顆270日圓～ ❸ HIKARIE限定的年輪蛋糕1360日圓

ShinQs／地下2F　　新型態
ル ショコラ ドゥ アッシュ／
ポール バセット

LE CHOCOLAT DE H / Paul Bassett

知名甜點師傅和咖啡師的合作
由人氣甜點師傅辻口博啓（☞P41）和世界No.1咖啡師聯手打造的店。甜點以巧克力為主。咖啡在店內現場烘焙，風味濃郁。
☎03-5468-3165 ◷10～21時

❶ HIKARIE限定的信州米粉戚風蛋糕451日圓 ❷ 使用愛媛和小田原產水果的果醬601日圓～ ❸ 使用信州食材的HIKARIE限定餅乾各321日圓

ShinQs／地下2F　　新型態
ヨロイヅカファーム・トーキョー

Yoroizuka Farm Tokyo

能得知生產者的新鮮甜點
由日本頂尖的甜點師傅鎧塚俊彦（☞P40）所經營，使用嚴選素材的甜點店。材料使用有明確生產者、來自各地的農產品。外型華麗的甜點，最適合當作伴手禮。
☎03-6434-1832 ◷10～21時

❶ 100%使用艾許奶油的牛角麵包371日圓～也相當受歡迎 ❷ 招牌的馬卡龍267日圓種類豐富 ❸ 東京燒馬卡龍巧克力現場製作販售

ShinQs／地下2F　　澀谷第一間
パティスリー・サダハル・アオキ・パリ

pâtisserie Sadaharu AOKI paris

澀谷限定的常備甜點堪稱絕品
活躍於巴黎的甜點師傅青木定治所開的店。以抹茶口味的車輪餅皮包裹巧克力馬卡龍的東京燒馬卡龍巧克力401日圓是排隊美食。
☎03-6434-1809 ◷10～21時

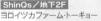

焦點的餐廳

餐廳／6F　　新型態
きょうようしょくあかつき

京洋食あかつき

米其林一星主廚的
新境界
在沉穩的氛圍中，享用不經意地融入「京都」精髓的料理。可以品嘗到融合京都料理和洋食、既現代又古典的「京洋食」。
☎03-6434-1502 ◷11～22時LO

❶ 有主菜2道、特製蔬菜燉肉和季節沙拉、涼拌菜、迷你咖哩的午間套餐1690日圓 ❷ 帶有日式風情的沉穩店內

餐廳／6F　　日本第一間
かぶりっち

CAPRICCI

南義大利的人氣店首度登陸
2011年3月於義大利的阿瑪菲開幕後，立即成為相當受歡迎的海鮮餐廳。海鮮直接運自博多港，蔬菜則是有機的。可以品嘗到充分發揮素材美味的南義風味。
☎03-6434-1471 ◷11～22時LO

❶ 手工義大利麵「Scialatelli」的白醬海鮮義大利麵1814日圓 ❷ 店內充滿南義風情

 11～16F的東急THEATRE Orb是日本最大規模的劇場。2012年開幕。

時尚人士專屬
神南的成熟可愛風格商店

位於澀谷站和原宿站中間的神南地區，有許多個性化的流行服飾和雜貨店。
在造型師也經常光顧的店裡，一定能找到喜歡的商品。

ぐらんしゅまん
グランシュマン

彌漫法國氣息
販售可愛的雜貨

販售法國骨董風格的室內雜貨和
手工藝用品、餐具、亞麻類商品
等。有很多能感受到溫暖、可長
久使用的商品。地下1F是可以吃
到法式烘餅的咖啡廳。

☎03-3770-2458 住渋谷区神南1-5-4
ロイヤルパレス原宿1F ●12～18時 休
週三 交JR澀谷站八公口步行12分 P
無 MAP附錄P16E3

(右下起)
Ecru系列 碗 1836日圓
杯盤 1組1944日圓
牛奶壺 1836日圓
茶壺 3672日圓
氣泡葡萄酒杯 1個1890日圓

❶以法國鄉村為發想的獨棟建築
❷雜貨的擺設方式也可以當作參考
❸店內擺滿了各式各樣的商品

ねこのとかめらきゃばれーぐらんど しょっぷ
NECONOとcamera
cabaret grand shop

Lisa Larson的商品
相當豐富的直營店

販售設計可愛的玩具相機和
相機周邊雜貨、以及代表瑞
典的陶藝家Lisa Larson的珍貴
作品。網羅以作品為發想的
包包7350日圓～等流行雜貨
商品。

☎03-5428-5162 住渋谷区神南
1-15-12秀島ビル2F ●12～20時
休無休 交JR澀谷站八公口步行10
分 P無 MAP附錄P16E3

❶也有Lisa Larson作品的復刻版
❷貓咪數位相機1萬6200日圓、螢
幕9180日圓（綠色部分） ❸入口
右側是Lisa Larson商品，左側是
玩具相機

(前方起)
Lisa Larson海豹 7020日圓、手巾 各1404日圓
Black Bird Fly 12960日圓（黑色相機）
Digital Harinezumi 3.0 16200日圓（白色相機）
相機皮套（nume）9180日圓、貓（陶器）各15600日圓

神南是什麼樣的地方？

位於澀谷站北側、明治通後方的區域。人氣精品店的路面店、可愛的雜貨店、風格獨特的二手衣店等，集結了許多出色的商店。也有許多咖啡廳，可以一邊休息一邊遊玩。**MAP**附錄P16D～E3

在「BEAMS TIME」尋找小物

網羅「Ray BEAMS」等BEAMS各個品牌的店鋪。1F是充滿潮流意識的日常服飾，2F附設有咖啡廳（☞P43）☎03-3780-5501
MAP附錄P16D3

ひぷのてぃっく
Hypnotique

個性化的商品應有盡有
尋找專屬自己的搭配

豐富網羅充滿個性且能激發創意的單品，老字號精品二手衣店。從美國進貨的70～80年代的商品為主的二手衣，與現代的感性也很搭配。

☎03-3770-3906 **住**渋谷区神南1-13-4 井戸ビル2F **◎**12～20時 **休**無休 **交**JR澀谷站八公口步行8分 **P**無 **MAP**附錄P16D3

❶ 有包鞋和飾品等豐富商品 ❷ 色彩繽紛的店內新銳單品相當齊全

（上方起）
帽子 15984日圓
項鍊 6264日圓
連身洋裝 8424日圓
胸針 5184日圓
手拿包 5184日圓

（右起）花朵碎鑽項鍊
蝴蝶碎鑽項鍊 各64800日圓
心型碎鑽項鍊 56160日圓
長項鍊 82080日圓

❶ 展示著如同藝術品的珠寶 ❷ 有庭園及藍色屋頂的白色獨棟建築

あーかー じんなんほんてん
AHKAH 神南本店

前往集結AHKAH
所有商品的總店

奢華又女性化的設計為特徵的珠寶品牌。以白色為基調、走自然風格的總店裡，從十字的招牌設計到新商品，網羅全系列商品。

☎03-3463-0222 **住**渋谷区神南1-4-10 **◎**12～20時 **休**不定休 **交**JR澀谷站八公口步行15分 **P**無 **MAP**附錄P16E3

ふりーずしょっぷ じんなんてん
FREE'S SHOP 神南店

流行品牌的
中性精品店

店內匯集無論何時都能展現自我風格的商品。除了從日本國內外引進的品牌，也有許多自家商品。

☎03-5456-3271 **住**渋谷区神南1-18-2 フレーム神南坂 1F・B1F **◎**11時30分～20時30分 **休**不定休 **交**JR澀谷站八公口步行11分 **P**無 **MAP**附錄P16D3

❶ 飾品等小物也很齊全 ❷ 1F是男士精品。陽光從大窗戶灑落，店內相當明亮

連身洋裝15120日圓

澀谷 ● 神南的成熟可愛風格商店

神南區域有BEAMS和UNITED ARROWS等人氣精品店的總店。

時尚城區購物
在代官山・惠比壽散步

澀谷搭乘
電車3分

這裡是時尚的店家和咖啡廳聚集的區域。
在瀰漫高雅氣氛的街上，享受逛街的樂趣。

1 這裡的地標是代官山Address **2** 舊山手通上的蔦屋書店。街道上綠意盎然，相當舒適 **3** 品味獨具的陳設也不容錯過

+ 代官山・惠比壽是什麼樣的地方

在代官山和惠比壽，有許多出現在日劇中的咖啡廳和知名主廚的店、以及雜誌報導的服飾店，彌漫著時尚的沉穩氛圍。從代官山步行至惠比壽約15分。

交通 JR澀谷站搭乘東急東橫線到代官山站3分。130日圓

散步時間 約3小時

かまわぬだいかんやまてん
かまわぬ代官山店

START!

200種以上花色的手巾專賣店

從日本的傳統花色到現代花色，常備200種以上的手巾。手巾花色的手帕和包袱巾、化妝包和襯衫、浴衣等也很豐富。還有代官山店的限定商品。

☎03-3780-0182 ⬤渋谷区猿楽町23-1 ⬤11～19時 ⬤無休 ⬤東急東橫線代官山站北口步行3分 Ｐ無 MAP 附錄P23C2

日本住家風格的店裡有水井，彌漫日式風情

包袱巾手巾（右起）
花朵盛開(中)1620日圓
檸檬(小)648日圓
禮物這樣包裝的話，收到的人一定也很開心

手巾（右起）
薔薇七寶 972日圓
柑橘 864日圓
也可以當作手帕或餐墊使用

更紗化妝包
3456日圓
附有拉鍊、方便好用的大小。獨特的觸感充滿魅力

品嘗美味、快樂地認識惠比壽啤酒

位於惠比壽花園廣場的「惠比壽啤酒紀念館」，介紹惠比壽啤酒的歷史。館內有40分的導覽500日圓以及啤酒試飲。

☎03-5423-7255 **MAP**附錄P23A4

\ 在咖啡廳小憩一下 /

天氣好的時候可在露天座位放鬆一下

カフェ・ミケランジェロ
Caffe Michelangelo
象徵著代官山的咖啡廳

位於舊山手通上、也曾供日劇拍攝的人氣咖啡廳。以18世紀時的義大利為主題的店內明亮且寬敞。中庭裡樹齡300年的欅樹也相當值得一看。

步行5分

甜點套餐 950日圓
可以選擇喜歡的蛋糕和飲料

☎03-3770-9517 **住**渋谷区猿楽町29-3 **⊙**11時～22時30分LO **休**無休 **交**東急東横線代官山站正面口步行5分 **P**無 **MAP**附錄P23B1

步行7分

GOAL!

ファーマーズテーブル
Farmer's Table
販售生活相關雜貨的人氣店

從象徵表參道的同潤會公寓搬來此地，具有歷史的雜貨店。販售餐具和服飾等講求實用性和素材，可以長久愛用的商品。

☎03-6452-2330 **住**渋谷区惠比寿南2-8-13 共立電機ビル4F **⊙**12～19時 **休**無休 **交**JR惠比壽站西口步行7分 **P**無 **MAP**附錄P23A3

骨董商品也很豐富，陳列也充滿品味

蜜蠟蠟燭 1836日圓
點燃後融化的部分會變得透明，相當漂亮

竹籃包 3780日圓～
顏色漂亮的包包，也有大尺寸

化妝包 3240日圓
由骨董布料拼接成的手工包

櫻桃兔胸針 4428日圓
可愛兔子造型的手工飾品

北歐風格沙發 1512日圓
可愛又柔軟的迷你沙發也可以當作手機座

ぷぴえみみ
pupi et mimi
充滿法國魅力的雜貨相當豐富

網羅以法國為中心、以及來自英國和俄羅斯等國家的跳蚤市場的可愛餐具和雜貨。使用歐洲的骨董素材、由日本創作家製作的手工小物也很推薦。

☎03-5456-7231 **住**渋谷区猿楽町13-5代官山ステラハウス1-A **⊙**12～19時 **休**週一（逢假日則翌平日） **交**東急東横線代官山站正面口步行6分 **P**無 **MAP**附錄P23C2

店內擺滿五顏六色的可愛雜貨

…品、皮件小物為……計和實用性絕佳的商品。……僅此一件的飾品也相當受到好評。

☎03-6416-1496 **住**渋谷区惠比寿西2-20-14-202 **⊙**12～20時 **休**無休 **交**東急東横線代官山站正面口步行2分 **P**無 **MAP**附錄P23B2

印章 700日圓
以4種花色的木製印章製作專屬的信紙吧

商品陳列分門別類、一目瞭然

 沿著目黑川到時尚店家林立的中目黑，步行約10分。和惠比壽是反方向，需特別留意。

從澀谷再走遠一些●在代官山、惠比壽散步

重點看過來!

風雅的傳統藝能
享受落語的樂趣

在彌漫江戶風情的新宿
末廣亭，現場感受日本引
以為傲、高層次說話藝
術的樂趣！（☞P116）

重點看過來!

走遠一些
前往神樂坂

想要悠閒散步的話就前
往神樂坂。別具風情的石
板路街區上，座落著流
行的商店。（☞P118）

重點看過來!

前往百貨裡的
人氣商店

從伊勢丹到LUMINE，
集結一流的百貨公司。
尋找自己喜愛的商品
吧。（☞P114）

新宿
就在這裡！

百貨公司和娛樂景點聚集的繁華街區

新宿
しんじゅく

雜貨和美妝品等
的商店齊備

是這樣的地方

不論白天晚上都聚集大批人潮的熱鬧新宿，是孕
育流行娛樂的人氣區域。從傳統藝能的寄席、到
當紅藝人的現場表演都能一網打盡，是這裡的魅
力之一。在車站周邊，也有許多網羅最新商品和
人氣甜點的老字號百貨公司和流行商場，可說是
購物天堂！

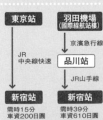

access

東京站	羽田機場 (國際線航站樓)
↓ JR 中央線快速	↓ 京濱急行線
	品川站
	↓ JR山手線
新宿站	新宿站
需時15分 車資200日圓	需時39分 車資610日圓

※東京鐵道路線圖請參照附錄
P30 廣域MAP 附錄P14-15

~新宿 快速導覽MAP~

觀光的提要
前往都廳方向
電車或巴士較為方便

從新宿站西口到東京都廳步行約
10分。搭乘電車可利用大江戶
線，搭乘巴士則由西口搭乘開往
都廳本廳舍方向的巴士也很方
便。

東京都心的
開運景點
藝人們參拜的藝能淺
間神社也在這裡。
☎03-3209-5265

供應純印度式咖哩的
老店
明治34年創業。中村屋
純印度式咖哩1470日
圓。☎03-3352-6167
※總店重新裝潢至2014年秋季

新宿的免費觀景地點

とうきょうとちょう てんぼうしつ
1 東京都廳 展望室

身為首都東京中心的都
廳，有北和南2個展望
室，可以欣賞到不同的景
色。也有以
景觀為賣點
的咖啡廳和
酒吧，千萬
別錯過。
MAP 附錄
P15A3

しんじゅくのむらびる
2 新宿野村大樓

基調為白色、配上帶點藍
綠色的玻璃，相當醒目的
大樓。觀景大廳位於50F。
欣賞夜景的
話，建議在
能看到辦公
室燈火的平
日前往。
MAP 附錄
P15B2

しんじゅくせんたーびる
3 新宿中央大樓

在新宿一帶以超群的高度
自豪。由觀景大廳所在的
53F可以看見東京都內的
名勝。有連
結新宿野村
大樓的連通
道。
MAP 附錄
P15B2

しんじゅくすみともびる
4 新宿住友大樓

三角形的中央採挑高空間
的獨特建築，別名是「三
角大樓」。
51F是觀景大
廳，夜景也
很出色。
MAP 附錄
P15A2

新宿

在LUMINE、MYLORD、伊勢丹尋找時尚生活雜貨

新宿在車站周邊聚集著百貨公司和流行商場。
除了服飾、也有許多販售可愛雜貨的商店，千萬不要錯過！

> 作為
> 時尚單品

硬皮筆記本 3800日圓

由Nathalie LETE設計。封面是可愛
貓咪的A4筆記本 A

驢奶香皂 810日圓

使用法國驢奶的香皂。也有添加摩
洛哥堅果油的香皂918日圓 B

> 用精油使
> 肌膚滑潤

舒壓系列
薰衣草身體乳液 4104日圓

精油保養品牌的身體乳液。保濕度
高的有機產品 C

> 包裝
> 也很可愛

襪子
各 2200日圓

少女風的圖案和花邊很可愛的襪子
A

Parfum AUX PARADIS
2808日圓

講求產地明確的天然香料高雅又清
爽的香味 B

Shampure
豆蠟蠟燭
4104日圓

可享受薰衣草等25種植物和花卉的
精油調和的香氣 C

集結全球的熱門品牌

`LUMINE新宿1／3F`

うさぎ ぷぅとわ

Usagi pour toi A

販售歐洲和美國等日本國內外的高
品味雜貨、和飾品的精品店。也販售
人氣藝術家Nathalie LETE企畫的藝
術品。經手的品牌約60種，豐富的
品項為該店賣點。

☎03-5326-7764 🕐11～22時

以嚴選素材製成的保養品

`LUMINE新宿1／4F`

おぅ ぱらでぃ

AUX PARADIS B

販售講究天然香料的原創香水和香
皂。採用保濕和美肌效果極佳的香
皂，對肌膚也很溫和。摩洛哥原產
的堅果油富含維他命，也很推薦。

☎03-3344-3778 🕐11～22時

源自優質植物的保養品

`新宿MYLORD／馬賽克通`

あぅぇだ

AVEDA C

使用於全世界的沙龍和SPA的保養
品品牌AVEDA的直營店。添加有機
認證的純淨花卉、植物精華的護
髮、護膚、美體保養品等，推出優
質的商品。

☎03-3349-5620 🕐10～21時

るみね しんじゅく
LUMINE新宿
☎03-3348-5211 住 新宿区西新宿1-1-5 🕙11〜22時（視店舗而異）休 不定休 交 JR新宿站南口步行1分 P313輛（收費）MAP 附錄P15C3

しんじゅくみろーど
新宿MYLORD
☎03-3349-5611 住 新宿区西新宿1-1-3 🕙10〜21時（視店舗而異）休 不定休 交 JR新宿站南口步行即到 P324輛（收費）MAP 附錄P15C3

いせたんしんじゅくてん
伊勢丹新宿店
☎03-3352-1111 住 新宿区新宿3-14-1 10時30分〜20時（視時期而異）休 不定休 交 JR新宿站東口步行5分 P986輛（收費）MAP 附錄P14D2

修復受損肌膚

BANE口手機袋 1620日圓
鼴鼠布徽章 324日圓

有100種以上的布徽章。店家提供燙印的貼心服務 **D**

YON-KA精華液 8208日圓

增加肌膚光澤、香氣濃郁的美容液。也具抗老功效 **E**

AUTHENTIC BALM
2484日圓

滋潤肌膚的紅花油等有機植物調配成的多效乳霜 **F**

尋找喜愛的款式

房子胸針 1296日圓
皮革和軟木素材的胸針。別在手提包或化妝包上也不錯 **D**

乳液 YON-KA （PS）
5724日圓

搭配5種精華油、使肌膚充滿潤澤 **E**

香甜濃郁的味道

NATURALTECH潤髮乳 〈N〉
3024日圓

推薦染後受損的乾燥髮質使用。能使頭髮柔順服貼 **F**

世界上獨一無二的袋子
`新宿MYLORD／馬賽克通`
ばねろ
BANE口 **D**

夾口金袋的專賣店。袋子使用強韌的布料，搭配上店內各式各樣的布徽章，就能製作出專屬自己的獨創商品。也有販售文具用品。
☎03-3349-5630 🕙10〜21時

添加大自然恩惠的保養品
`伊勢丹新宿店／本館地下2F`
よんか
YON-KA **E**

1954年由植物學家兄弟所創立的法國品牌。從植物萃取的精華液廣受好評，配合每個人量身訂做的保養也是該品牌的特色。
☎03-3352-1111（代表號）🕙10時30分〜20時（視時期而異）

專門針對頭髮保養的品牌
`伊勢丹新宿店／本館地下2F`
だうぃねす
Davines **F**

1983年在義大利北部創立的護髮品牌。從商品概念到研發、從製造到包裝，採取一貫化的產品營造，提供使頭皮和頭髮健康的商品。
☎03-3352-1111（代表號）🕙10時30分〜20時（視時期而異）

在搞笑殿堂裡
捧腹大笑補充活力

在新宿有落語家和諧星聚集、搞笑的場所。
其中就以古時候傳承至今的寄席，充分感受江戶的搞笑表演吧。

末廣亭所在的末廣通。附近也有復古的咖啡廳和居酒屋等

以保有江戶風情的寄席
欣賞日本的搞笑表演

期待已久！
要盡情享受

什麼是寄席？

除了末廣亭，上野的鈴本演藝場（**MAP**附錄P7B4）、淺草的淺草演藝廳（☞P62）、池袋的池袋演藝場（**MAP**附錄P24A3）裡也有定席。末廣亭是東京的定席中，唯一的木造建築物。在別有意趣的氣氛下，欣賞自江戶傳承下來的傳統藝能和大眾演藝。也能享受現場演出的樂趣。

しんじゅくすえひろてい
新宿末廣亭

明治30年（1897）由末廣亭清風建造、東京都內4間落語定席之一。分為日場和夜場兩個場次，可分別欣賞18組的表演。18組中約有11組落語表演，其餘則是漫才、戲法、雜技等各種表演節目。每月10日會更換演出者和表演項目，可在網站上（http://suehirotei.com/yosedayori/）事先確認。每週六21時30分～23時會舉辦深夜寄席（1人500日圓），可以欣賞年輕落語家的說話藝術。也會不定期舉辦落語協會以外的諧星的活動。

☎03-3351-2974 住新宿区新宿3-6-12 ¥當日券自由座3000日圓～ ◑日場12時～16時30分、夜場17～21時 休無休 交JR新宿站東口步行7分 P無 **MAP**附錄P14E2

❶館內點著燈籠，別有意趣的氣氛 ❷看板上寫著以前在這一帶的商店名字 ❸詳細記載當天演出內容的手冊。當作紀念也很不錯

門票的購買方式

門票基本上只有當日券，在會場入口旁的窗口販售。全部都是自由座，週末最好提早前往。

座位

1F有正面的椅子席和左右邊榻榻米的棧敷席。2F是階梯狀的棧敷席。保有棧敷席的定席僅末廣亭一處。各處的雕刻等也很漂亮，可以多留意建築設計。

建築物

明治時代創業時的建築在戰爭中燒毀。現在的建築是昭和21年（1946）所建，登錄為新宿區的地域文化財第一號。起初是平房，但客人激增，數年後增建2F。時至今日，週末時人多到要站著看。

迷你模型燈籠
1500日圓

伴手禮

販售寫有末廣亭和姓名的各種伴手禮。商店裡販售的落語家的著書，每本都有親筆簽名！也有販售助六便當500日圓等，可在中場休息時享用。

寫有末廣亭的扇子
1500日圓

茶杯
700日圓

千社札套組
2000日圓

還有更多！ 新宿的搞笑景點

るみねざよしもと
LUMINE the 吉本

每天舉辦人氣諧星的爆笑現場演出

可以欣賞吉本興業旗下諧星現場表演的劇場。每天都有搞笑藝人的漫才和短劇、以及只有這裡才能看到的特別組合的喜劇演出。

每天舉行的主要公演裡，藝人們表演各自的搞笑橋段

🎫 門票的購買方式
可在官方網站（http://yoshimoto.funity.jp/）或是Ticket吉本語音專線☎0570-550-100購買。當日券11時起在劇場窗口販售。

☎0570-550-100（Ticket吉本）🏠新宿區新宿3-38-2LUMINE新宿27F 💴視公演而異 🕐11時～21時30分 休無休 🚇JR新宿站南口即到 Ｐ無 MAP 附錄P15C3

そっくりやかたきさら
模仿秀館KISARA

欣賞爆笑的模仿秀！

共有100位受歡迎的模仿藝人每天輪替演出的餐廳。節目由吃到飽搭配飲料暢飲的第1場，以及只有飲料暢飲的第二場構成。

從美川憲一到戰地記者，爆笑模仿的大集合！

☎03-3341-0213 🏠新宿區新宿3-17-1いさみやビル8F 💴第1場5500日圓、第2場4000日圓 🕐第1場18時～20時30分、第2場21～23時 休無休 🚇地下鐵新宿三丁目站B5出口即到 Ｐ無 MAP 附錄P14D2

🎫 門票的購買方式
到店裡直接支付費用即可。建議先預約。

 注意各處的購票方式。時間上可以配合的話，也可以連著去觀賞。

別具風情的石板路街區綿延 在神樂坂悠閒散步

過去曾是花街的神樂坂，如今仍充滿日式情懷。
在風情洋溢的街道上，遊逛這些美好的商店吧。

新宿搭乘
電車12分

1 偶然遇見小貓 **2** 在石板小巷散步 **3** 美麗的鮮豔朱紅山門與境內 **4** 參拜淨行菩薩 **5** 風雅的和風獨棟建築 **6** 陳列工匠手工削製的筷子1080日圓～和陶器 **7** 玻璃的小碟子等，器皿種類豐富

神楽坂是什麼樣的地方
かぐらざか

神樂坂仍保有明治、大正時代花街的風貌。巷弄內有石板小路、當地居民喜愛的老店等，充滿日式情懷。也有毘沙門天和赤城神社（**MAP**附錄P24A1）等寺社佛堂。

交通 新宿站搭乘JR總武線到飯田橋站12分150日圓

散步時間 約2小時30分

START!

毘沙門天 善國寺
びしゃもんてん ぜんこくじ

當地的居民熟悉的寺院

創建400餘年、江戶時代起便以「神樂坂的毘沙門天」受人景仰。眾所皆知的黃門大人水戶光圀，據說也信奉毘沙門天。每年7月底的「神樂坂祭」中還會舉辦酸漿市，人潮眾多相當熱鬧。朝著神樂坂通上的紅色山門為目標出發吧。

☎03-3269-0641 住新宿区神楽坂5-36 時7～19時 休無休 交JR飯田橋站西口步行7分 P無 **MAP**附錄P24B2 ●照片：**3 4**

步行3分

La Ronde d'Argile
らろん だじる

與用心製作的商品相遇

販售手工器皿和雜貨的商店＆藝廊。由原為民謠老師自宅的老民宅重新裝潢成的店內，陳列著樸素又溫暖的商品。與饒富韻致的茶具一同度過悠閒時光的咖啡廳則不定期營業。在這裡可以找到值得珍藏的商品。

☎03-3260-6801 住新宿区袋町26 時11時30分～18時30分 休週日、一 交JR飯田橋站西口步行9分 P無 **MAP**附錄P24B2 ●照片：**5 6 7**

步行5分

8 晴天時可坐在露天座位 **9** 生麩和白玉的冰淇淋餡蜜788日圓 **10** 直營店中唯一販售點心的。也可以內用 **11** 平日也很熱鬧 **12** 最受歡迎的抹茶奶凍1個658日圓 **13** 絕妙成分的護手霜（乳香）1620日圓 **14** 美麗的山茶花讓街道增添色彩

🍜 神楽坂 茶寮・本店
かぐらざか さりょう・ほんてん

▶ **忘卻都會的喧囂**
隱密的咖啡廳

採用町屋風格建築物、雅致的獨棟咖啡廳。講求有機、低農藥素材的家常菜和餐點菜色，常備4種。充滿季節感的日式甜點，不會過甜且分量十足。在彌漫日式風情的成熟空間裡放鬆。

☎03-3266-0880 🏠新宿区神楽坂5-9 🕐11時30分～23時（週日、假日1～22時）🚫不定休 🚃JR飯田橋站西口步行5分 🅿無 **MAP** 附錄P24B2
●照片：**8 9**

步行5分

🛍 神楽坂
まかないこすめ本店
かぐらざか まかないこすめほんてん

▶ **販售使用自然素材**
溫和的日式保養品

販售凝聚了在老字號金箔店工作的女性們的智慧而成的保養品和雜貨等豐富商品。原料使用蒟蒻和黑砂糖等對肌膚溫和的自然素材。照片中的護手霜是最受歡迎的商品。

☎03-3235-7663 🏠新宿区神楽坂3-1 🕐10時30分～20時（週日、假日11～19時）🚫不定休 🚃JR飯田橋站西口步行4分 🅿無 **MAP** 附錄P24B2
●照片：**10 13**

步行3分

🍮 紀の善
きのぜん **GOAL!**

▶ **外帶使用自製紅豆餡**
製作的甜點

以60年以上的歷史自豪的人氣甜點店。店內的抹茶奶凍和招牌的餡蜜商品皆可外帶。春天的草莓餡蜜、夏天的冰紅豆湯圓等，充滿四季風情的期間限定餐點也廣受好評。回程時可以買來當作伴手禮。

☎03-3269-2920 🏠新宿区神楽坂1-12 🕐11時～19時30分LO（週日、假日12～17時LO）🚫週一（逢假日則翌日休）🚃JR飯田橋站西口步行2分 🅿無 **MAP** 附錄P24B2 ●照片：**11 12**

📖 神楽坂有許多來自法國的移居者。小路裡有許多法國料理餐廳和咖啡廳，有點像是巴黎的感覺。

重點看過來！
購物的同時
欣賞古典建築
丸之內地區裡保存著一部分大正、昭和時期的建築物。購物途中可以欣賞一下。（☞P122）

重點看過來！
在大丸和GRANSTA
尋找伴手禮
有許多販售帶有時尚感的分送用伴手禮的店家。來找給朋友的禮物吧。（☞P128）

也別忘了送給自己的禮物

重點看過來！
活用煥然一新的
東京站
除了伴手禮，餐廳也很豐富的東京站。也有許多排隊美食。（☞P126）

東京站·丸之內
就在這裡！

典雅的店家聚集的成熟街道

東京站·丸之内
とうきょうえき・まるのうち

是這樣的地方

東京站的門面──丸之內站舍於2012年完工，東京站和丸之內比以往更加繁榮。高樓大廈林立的丸之內，像是丸大樓和新丸大樓等，有許多高品味商店進駐的大樓。與日比谷通平行的丸之內仲通上，有許多高級名牌商店。回程可以在東京站內和周邊的購物區尋找伴手禮。

a c c e s s

羽田機場 (第2大樓站)	羽田機場 (國際線航站樓)
↓ 東京單軌電車	↓ 京濱急行線
濱松町站	品川站
↓ JR山手線	↓ JR山手線
東京站	東京站
需時31分 車資650日圓	需時32分 車資580日圓

※東京鐵道路線圖請參照附錄
P30 廣域MAP 附錄P18-19

~ 東京站・丸之內　快速導覽MAP ~

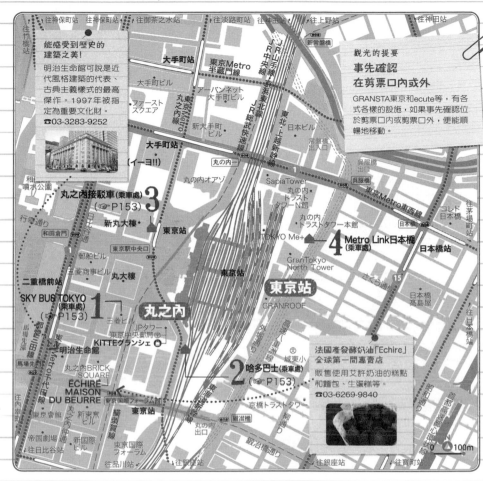

能感受到歷史的建築之美！

明治生命館可說是近代風格建築的代表、古典主義樣式的最高傑作。1997年被指定為重要文化財。
☎03-3283-9252

觀光的提要

事先確認在剪票口內或外

GRANSTA東京和ecute等，有各式各樣的設施，如果事先確認位於剪票口內或剪票口外，便能順暢地移動。

往神保町站　往神保町站　往御茶之水站　往淡路町站　往神田站　往上野站　往神田站
往竹橋站

JR中央線　JR山手線　JR京濱東北線　JR東北上越新幹線　JR総武快速線

大手町站
東京Metro半藏門線
大手町ビル
アーバンネット大手町ビル
ファーストスクエア
新常盤橋
日本ビル
常盤橋出口

丸の内Metro大手町站
新大手町ビル

大手町站

(イーヨ!!)

丸の内一

和田倉噴水公園

丸の内オアゾ
SapiaTower
丸の内トラストタワーN館
吳服橋
吳服橋

東京Metro東西線

丸之內接駁車(乘車處) (☞P153) **3**

新丸大樓
東京站

行幸通り
和田倉門
東京駅中央口

丸の内トラストタワー本館

TOKYO Me+
GranTokyo North Tower

4 **Metro Link日本橋(乘車處)**

日本橋站
コレド日本橋
往茅場町站

二重橋前站
SKY BUS TOKYO(乘車處) (☞P153) **1**

郵船ビル
三菱商事ビル
丸大樓

東京站

東京站

GRANROOF

15
さくら通り

日本橋高島屋

往日本橋站

丸之內

三菱ビル
JPタワー
東京中央郵局
KITTEグランシェ

明治生命館

丸之內BRICK SQUARE
ÉCHIRÉ MAISON DU BEURRE

城東小
哈多巴士(乘車處) (☞P153) **2**

法國產發酵奶油「Echiré」全球第一間專賣店

販售使用艾許奶油的糕點和麵包、生蛋糕等。
☎03-6269-9840

東京国際フォーラム館
東京站

丸の内出口
京橋トラストタワー

鍛冶橋通り
暫済橋

帝国劇場
新国際ビル
東京国際フォーラム

0　100m

往品川站　往銀座站　往寶町站　往日比谷站

東京站・丸之內

東京站發車的東京觀光巴士

1 すかいばすとうきょう
SKY BUS TOKYO

繞行主要觀光景點、日本最早的雙層露天巴士。可以欣賞360度的全景。
☞P153

2 はとばす
哈多巴士

除了繞行淺草等招牌路線，還有各種行程。推薦給想要有效率地觀光的人。☞P153

3 まるのうちしゃとる
丸之內接駁巴士

繞行丸之內、大手町、有樂町地區的免費巴士。每隔12～15分一班車，可多加利用。☞P153

4 めとろりんくにほんばし
Metro Link日本橋

連結八重洲、京橋、日本橋地區的免費循環巴士。約10分1班車，相當方便。

一邊欣賞古典的建築
來趟丸之內購物之旅

東京・丸之內區域保存著大正・昭和時期興建的建築物。
一邊欣賞建築樣式和裝飾，一邊在高品味的商店裡享受購物樂趣。

將昭和27年（1952）
時建造的「新丸之內
Building」重建成的高
樓大廈

しんまるびる
新丸大樓

高級名牌和知名甜點店等，集結約150間店的人氣景點。隔著行幸通，對面是丸大樓。

☎03-5218-5100 住千代田区丸の内1-5-1 ⏰11～21時（週日、假日～20時）※餐廳～23時（週日、假日～22時）、部分店舖不同 休無休 交JR東京站丸之內中央口步行1分 P997輛（收費）MAP附錄P19B2

でりえ いでー
Délier IDÉE

集結高雅又洗練的小物

人氣家居店的第一家禮品雜貨店。販售呈現自然藝術風格的鑰匙圈和餐具等。

☎03-5224-5571 ⏰11～21時（週日、假日～20時）

あん ぷてぃ くーる ばい こんしぇるじゅ
un petit coeur BY CONCIERGE

可愛的雜貨琳瑯滿目

網羅色彩豐富、可當作「一點小心意」的禮物商品。原創商品等伴手禮雜貨也很豐富。

☎03-3287-7177 ⏰11～21時（週日、假日～20時）

原創地鐵圖托特包
L尺寸1080日圓

迷你動物
鑰匙圈
各1296日圓

いちごうかんひろば
一號館廣場

充滿自然的療癒景點

有噴水池和樹木、綠意盎然的露天咖啡廳。可以說是都會的綠洲。

☎03-5218-5100

夜晚會點亮古典的
瓦斯燈

まるのうちぶりっくすくえあ
丸之內BRICK SQUARE

集結具有高級感的流行雜貨、首次進駐日本的海外餐廳等的商業設施。緊鄰三菱一號館美術館，綠意盎然的一號館廣場也相當受歡迎。

☎03-5218-5100 住千代田区丸の内2-6-1 ⏰11～21時（週日、假日～20時）※餐廳～23時（週日、假日～22時）、部分店舖不同 休無休 交JR東京站丸之內南口步行5分 P282輛（收費）MAP附錄P19B3

藍風鈴香水100mℓ 15120日圓／藍風鈴身體乳液175mℓ 10800日圓

じょー まろーん ろんどん まるのうち
Jo MALONE LONDON丸之內

成為帶有優雅香味的女性

來自英國的香氛品牌在日本的第一家路面店。以不同香味疊擦，「創造出專屬於自己的香味」為概念。

☎03-5218-8000 ⏰11～20時

2009年盛大開幕的設施

品嘗當紅的
健康定食！

健康綜合企業TANITA所打造的「丸之內TANITA食堂」。可以品嘗到降低卡路里、營養均衡的菜色。定食整體熱量約500卡上下的當日定食830日圓。☎03-6273-4630 MAP附錄P19A4

背後是現代風格、玻璃建築的高樓大廈

じぇいびーたわー「きって」
JP TOWER「KITTE」

2013年開幕、日本郵政首度打造的商業設施。保留部分舊東京中央郵局的建築並重新利用。從B1F到6F約有100間店鋪進駐。

☎03-3216-2811 千代田区丸の内2-7-2 直通JR東京站丸之內地下通道 視店舖而異 休1月1日、法定檢修日 P105輛(收費) MAP附錄P19B3

とうきょうちゅうおうゆうびんきょく
東京中央郵局

不要錯過限定商品

郵局特有的明信片和仿造車站建築的原創商品相當受到歡迎。也有號稱全日本品項最多的紀念郵票。

☎03-3217-5231 9～21時(週六、日、假日～19時)

紙膠帶
各390日圓～

明信片
120日圓～

かふぇ いちはちきゅうよん
Café1894

古典氛圍的開放空間

復原明治時期銀行業務室空間的咖啡廳。隨展覽更換菜色的合作餐點也很吸引人。

☎03-3212-7156 11～23時(週五～凌晨2時) 休不定休

Café 1984
自製經典
蘋果派880
日圓

みつびしいちごうかんびじゅつかん
三菱一號館美術館

每年舉辦3次以19世紀末近代美術為主題的企劃展。由打造鹿鳴館和舊岩崎邸(☞P62)的建築師Josiah Conder設計。

☎03-5777-8600(Hello Dial語音服務) 千代田区丸の内2-6-2 視展覽而異 10～18時(週四～六～20時) 休週一(逢假日則翌日休)、換展期間 JR東京站丸之內南口步行5分 P無 MAP附錄P19B3

2010年春天於東京丸之內開館

まるびる
丸大樓

集結世界一流的餐廳和個性豐富的服飾品牌、雜貨等，精心挑選的約140家店鋪。餐飲店聚集的B1F直通地下鐵東京站，交通相當方便。

☎03-5218-5100 千代田区丸の内2-4-1 11～21時(週日、假日～20時)※餐廳～23時(週日、假日～22時)、部分店舖不同 休無休 JR東京站丸之內南口步行1分 P997輛(收費) MAP附錄P19B2

2002年作為丸大樓盛大開幕

きゃんてぃ
CHIANTI

代表昭和的懷舊滋味

由受到作家三島由紀夫和藝術家岡本太郎等多位知名人士喜愛的義大利餐廳所打造的蛋糕店。

☎03-3240-0105 11～21時(週日、假日～20時)

Ciliegia
綜合 2538日圓

※盒子僅供參考。

東京站・丸之內 ● 一邊欣賞古典的建築來趟丸之內購物之旅

丸之內周邊除了這裡介紹的景點，還有許多從以前保留到現在的建築物，可以慢慢欣賞。

123

靈活地利用
煥然一新的東京車站

東京車站是東京站的門戶。丸之內站舍經歷復原工程，
重回創建當時的風貌。而新的站內設施陸續開幕，相當值得一看。

全面翻新的知名飯店、東京站大飯店

大正4年（1915）創業、歷史悠久的飯店，具備現代化機能後煥然一新。非房客也可以利用大廳酒廊和餐廳等。
☎03-5220-1111

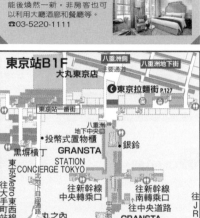

東京站B1F
八重洲側　主要通道　八重洲地下街
大丸東京店
東京拉麵街 P.127
東京站一番街
八重洲　地下中央口
•投幣式置物櫃
黑塀橫丁　•銀鈴
東京站日本橋口　GRANSTA
STATION
CONCIERGE TOKYO
往Metro東西線　往新幹線　往新幹線
大手町線　中央轉乘口　南轉乘口　往中央通道
丸之內　往JR京葉線地下丸之內自由通道口
地下北口　GRANSTA
•動輪廣場　丸之內坂區
旅行者援護中心　往丸之內南口　往丸之內自由通道口
JR北海道廣場　丸之內地下南口
橫須賀・總武快速線
往新丸大樓　往成田機場方向　Echika fit 東京
東京Metro丸之內站　丸の内側　往丸大樓
東京站

東京站
丸之內站舍是？

大正3年（1914）創建的國家指定重要文化財。當時的建築在戰爭中毀損，戰後復原修建成2層樓的建築。2012年時完成保存・復原工程。

GRANSTA / GRANSTA DINING
〈ぐらんすた/ぐらんすただいに〉

熟食和便當的店鋪相當齊全的「GRANSTA」，「GRANSTA DINING」則是網羅了美食的名店。
☎03-5299-2211 ⏰視店鋪而異

車站內遊賞重點

南北圓頂大廳

位於丸之內北口和南口2處，高28公尺的圓頂大廳。上層的浮雕忠實重現了大正時代建造當時的設計巧思，融合日洋風格的設計及精巧的工藝述說著大正的美學。

Tokyo Station Gallery

利用創建當時的紅磚和鋼筋，獨特的展示室是這裡的特色。每年會舉辦數次的企劃展。
☎03-3212-2485 ⏰10～18時（週五～20時。閉館30分鐘前截止入館）
💰視企劃展而異 🈺週一（逢假日則翌日休）
MAP 附錄 P19C2

欣賞燈火

推薦的丸之內站舍觀賞重點，是夜間的點燈。柔和的燈光打在紅磚上，給人一種溫暖的感覺。也非常推薦在對面的新丸大樓露臺上，一邊觀賞夜間打上燈光的車站，一邊享用晚餐。

TOKYO Me+
とうきょう みたす

八重洲北口的「おみやげプラザ」於2013年11月重新開幕。販售東京站獨家的經典伴手禮和老店的名點、日式雜貨等。☎03-3210-0077（東京站一番街）⏰9時～20時30分（週六、日、假日～20時）休無休

大丸東京店
だいまるとうきょうてん

緊鄰東京站的百貨公司。從老店名品到流行商品、餐廳等都很豐富。☎03-3212-8011 ⏰10～20時（週四、五全館、平日地下1F・1F～21時）。12F餐廳11～23時、13F餐廳11～24時）休無休

GRANROOF／GRANROOF FRONT

將連結GRANTOKYO SOUTH TOWER和NORTH TOWER的通道整備後的八重洲側新地標。B1F還有GRANROOF FRONT。☎03-5299-2204 ⏰視設施而異 休無休

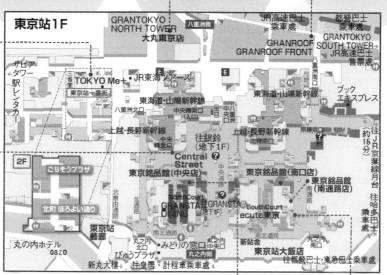

Central Street
せんとらるすとりーと

位於東京站剪票口內1F，利用連結丸之內中央口和八重洲中央口的中央通道打造的商業區域。有許多網羅東京名點的伴手禮商店和車站便當店等旅途中必備的精選商店。

☎03-5299-2211 ⏰7時～21時30分 休無休

東京銘品館
とうきょうめいひんかん

知名品牌的和風西點和最適合當作伴手禮的東京名點、日用品等，品項豐富相當吸引人。有中央店、南口店、南通路店3家。

☎03-3284-0711（中央店）⏰6時30分～21時30分 休無休

ecute東京
えきゅーととうきょう

以「NIPPON Re-STANDARD」為概念，有專賣和風甜點的「和樂紅屋」和日式雜貨的「日本市」等商店進駐。也有活動空間。

☎03-3212-8910 ⏰8～22時（週日、假日～21時30分。※部分店舖不同）休無休

平日傍晚人潮也很多，如果要購買伴手禮，最好預留充裕的時間。

在TOKYO STATION CITY 品嘗講究的美食&甜點

煥然一新的東京車站內、以及新區域的GRANROOF，
有許多當紅的餐廳和咖啡廳。千萬不要錯過。

極上淋湯特製炒飯 1550日圓
炒飯淋上以老母雞和豬肉、金華火腿熬煮出的湯汁

1 一過中午就客滿，但因為翻桌速度快，候位時間不長 **2** 採開放式廚房的店內

とうきょうちゃーはん ぷろぢゅーすどぅ ばい あかさかりきゅう

東京炒飯 Produced By 赤坂璃宮

發揮素材美味的健康炒飯相當受歡迎

由廣東料理的名店赤坂璃宮推出的炒飯專賣店。減少香料和油、充分帶出蔬菜甘甜的炒飯，是跟上「藥膳料理」風潮、該店相當自豪的逸品。味道清爽，但每一道炒飯都有滿滿的配料，滿足度也高。

☎03-3217-1886 住千代田区丸の内1-9-1東京站GRANSTA DINING內 ●7時～22時30分 休無休 交JR東京站剪票口內 P無 MAP附錄P19C2

ゆでろ いちきゅういちふろむある・けっちぁーの

Yudero 191 フロムアル・ケッチァーノ

在東京站內品嘗山形的名店料理

由位於山形縣鶴岡市、當地產銷的名店「アル ケッチァーノ」的老闆兼主廚奧田改行所打造的義大利麵專賣店。堅持選用庄內產素材、大量使用四季當季蔬菜的義大利麵餐點廣受好評，即使是女生也能輕鬆單獨前往。

☎03-3214-4055 住千代田区丸の内1-9-1東京站GRANSTA DINING內 ●7時～22時30分 休無休 交JR東京站剪票口內 P無 MAP附錄P19C2

1 店內藏著吉祥物Yudero **2** 氣氛悠閒的餐廳

舟形町產蘑菇和平田牧場三元豬培根奶油義大利麵 1749日圓
蘑菇和三元豬的培根帶出美味。附沙拉

打拋飯 900日圓～（外帶800日圓～）
有豬肉、雞肉、蔬菜、海鮮4種打拋飯可以選擇。加100日圓附荷包蛋

1 店內有桌席和吧檯座位 **2** 色彩鮮艷的盒子也很可愛

まんごつりーきっちん

mango tree kitchen

輕鬆品嘗熱門店家的泰國菜

總店位在泰國曼谷的泰國菜餐廳姊妹店。可內用也可外帶，相當知名的打拋飯和綠咖哩是人氣菜色。放入小巧又時尚的餐盒中，無論是在辦公室裡、或是新幹線列車的桌子上，都很方便食用。可以在車站內輕鬆品嘗道地泰國菜是其魅力所在。

☎03-3287-8111 住千代田区丸の内1-9-1東京站GRANSTA內 ●7時～22時 休無休 交JR東京站剪票口內 P無 MAP附錄P19C2

在Central Street
購買著名的車站便當

日本各地車站便當大集合的「駅弁屋 祭」。種類居然有170種以上。店內2處還有現場製作販售，剛做好的車站便當相當受到歡迎。位於Central Street（☞P125）內。
☎03-3213-4352

めぞん で ろぶろす びゅっふぇ あんど でざーと

MAISON DE LOBROS BUFFET & DESSERT

可以充分享受度假飯店般的氛圍

從早餐到晚餐都能品嘗自助餐和西洋風味料理的餐廳。以地中海度假飯店為構思的豪華店內，讓人忘記身處在車站裡。也有安靜的包廂，可以用在約會和紀念日等各種場合。

☎03-5220-5518 ㊟千代田区丸の内1-9-1東京站GRANROOF FRONT內 ⏰7〜23時 ㊡無休 ㊠JR東京站八重洲地下中央口步行即到 ㏚無 MAP附錄P19C3

1 照明隨時間變換，營造出舒適寬敞的空間
2 無論何時前來都會有新菜色

午間自助餐1人2484日圓
（週六、日、假日1人3024日圓）
義大利麵和比薩、甜點等皆以手工製作。菜色每天變換

とうきょう こめ ばる たけわか

東京 米 BARU 竹若

宣揚米飯魅力的新形態餐廳酒吧

以「享受一天一餐米飯生活！」為概念，由築地的老字號飯亭「竹若」打造的店家。供應米飯、以及講求能帶出米飯風味的食材所製成的料理。搭配裝在香檳杯裡的日本酒，品嘗使用滋賀縣的無農藥栽培米「KINUHIKARI」和岐阜縣的稀有米「龍之瞳」所製作的米料理。

☎03-6269-9556 ㊟千代田区丸の内1-9-1東京站GRANROOF 1F ⏰7時30分〜23時 ㊡無休 ㊠JR東京站八重洲地下中央口步行即到 ㏚無 MAP附錄P19C3

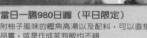

當日一膳980日圓（平日限定）
附柚子風味的鰹魚高湯以及配料，可以直接品嘗，或是作成茶泡飯也不錯

1 備有吧檯座位，一個人也能輕鬆前往 2 1F販售商品，2F為餐廳酒吧

る さろん かふぇ ふろ

Le Salon Cafe FLO

以甜點和紅茶度過優雅時光

以法國甜點和熟食受到歡迎的「FLO PRESTIGE PARIS」打造的第一間咖啡沙龍。除了甜點，午餐時段的佛卡夏三明治和牛肉燴飯、鹹派&當日拼盤等都不容錯過。店內是沉穩氛圍，女性一個人也可以輕鬆利用。

☎03-5220-3606 ㊟千代田区丸の内1-9-1東京站大丸東京店4F ⏰10時〜19時30分LO（週四、五〜20時30分LO）㊡無休 ㊠JR東京站八重洲口步行即到 ㏚無 MAP附錄P18D2

水果卡士達塔 飲料套餐 1190日圓
酥脆的塔皮上裝滿大量色彩繽紛的水果

1 充滿高級感又沉穩的店內 2 位於大丸4F裡面。可作為購物中途休息使用

在TOKYO STATION CITY
尋找充滿巧思的伴手禮

這裡介紹家人和同事收到肯定會很開心的伴手禮。
有許多價格親民、好吃又可愛的伴手禮。

GRANSTA （☞P124）
まめぐい的
mamegui伴手禮
1個820日圓
（mamegui和點心的禮盒）

販售以傳承自明治時代的技法製作、手帕大小的手巾「mamegui」的店家。可從約200種、約27公分的四方形「mamegui」中挑選喜歡的設計，再從糖果、米果、茶等商品中挑選一種包在裡面。

ecute東京 （☞P125）
小岩井農場的
餅乾禮盒
4種各2根裝900日圓

使用在岩手縣的自家農場培育的嚴選食材製作、供應講究商品的小岩井農場的東京站限定商品。奶油香氣濃郁、棒狀的人氣烤餅乾，外包裝的可愛設計是以馬車在路上行走的大正時代東京車站為構思。

Central Street （☞P125）
帝國飯店的
巧克力禮盒
東京站丸之內站舍包裝
864日圓

包裝上有東京站丸之內站舍正門口的立體設計，搭配帝國飯店熱門巧克力的禮盒，是東京站限定品。口感滑順可口的片狀巧克力（牛奶、苦甜）和優雅俐落的條狀巧克力（大理石、苦甜）共4種。

辻主廚研發的
和風甜點

位於ecute東京（☞P125）、由辻主廚（☞P41）打造的和風甜點專賣店「和樂紅屋」。以日本砂糖和發酵奶油製作的和風薄片5包630日圓。☎03-3211-8930 **MAP** 附錄P19C3

TOKYO Me+ （☞P125）
ARINCO TOKYO STATION的
鹽味焦糖蛋糕捲
1543日圓

東京站限定商品鹽味焦糖蛋糕捲，是只在這裡才買得到的夢幻商品。綿密的蛋糕包裹著添加義大利薩丁尼亞島產天然鹽的焦糖醬。店內設有廚房，可以近距離觀看製作蛋糕捲的樣子。

GRANSTA （☞P124）
ヒトツブカンロ的
脆皮軟糖
6個裝780日圓

以KANRO糖果和Pure軟糖聞名的KANRO設立的糖果店。外皮酥脆、內層Q軟的「脆皮軟糖」，有葡萄、可樂、覆盆莓、青蘋果、蘇打汽水、葡萄柚等口味各1顆。

大丸東京店 （☞P125）
papabubble的
THANK YOU MIX
M尺寸1800日圓、S尺寸700日圓

發源自西班牙巴塞隆納、行銷全世界的糖果店。加入了專家呈現出的傳統製糖工藝技術、以及相當有趣的演出。活潑的用色和可愛的設計，最適合當作伴手禮。可以傳遞感謝之意的東京站限定商品。

TOKYO Me+ （☞P125）
TOKYO HEART的蛋白糖霜蛋糕
1個620日圓～

蛋白霜甜點專賣店「TOKYO HEART」以華麗外觀為特徵的方塊形戚風蛋糕。使用蛋白糖霜、鬆軟滑順的蛋糕和奶油的組合充滿魅力。有鹽味焦糖、草莓、雙重巧克力、小倉抹茶（季節限定）等4種。

※照片僅供參考

大丸東京店 （☞P125）
ねんりん家的
綜合年輪蛋糕
1080日圓

費時精心燒烤，外層酥脆內層口感濕潤的MOUNT BAUM和鬆軟濃郁的STRAIGHT BAUM。可以一次品嘗到首都圈才有的年輪蛋糕專賣店ねんりん家招牌的兩大年輪蛋糕。兩種都是高雅的風味。

東京站・丸之內 ●TOKYO STATION CITY的伴手禮

日本橋錦豐林（GRANSTA內→P124）的花林糖很受歡迎，經常大排長龍，建議提早前往。

不妨到這裡走走！

東京的推薦景點

丸之內

こうきょがいえん
📷 皇居外苑

在從前的江戶城悠閒散步

可以自由散步的皇居外苑裡，通往宮殿的護城河上的二重橋，是紀念照的經典取景點。楠公像前有可以稍作休息的「楠公休息室」，以及提供周邊設施簡介手冊的服務中心。

DATA ☎03-3213-0095（皇居外苑）住千代田区皇居外苑1-1 ¥休自由參觀 交地下鐵二重橋前站2號出口步行5分 P無 **MAP**附錄P19A2

池袋

さんしゃいんすいぞくかん
🐧 陽光水族館

室內外都充滿魅力！

以「空中綠洲」為概念的水族館。可以欣賞到其他地方沒有的嶄新展示，以及海獅和海獺的餵食秀。由下方欣賞海獅泳姿的戶外大水槽「陽光環形水槽」也是必看重點。

DATA ☎03-3989-3466 住豊島区東池袋3太陽城·World Import Mart頂樓 ¥入場2000日圓 ⏰10～20時（11～3月～18時）休無休 交JR池袋站東口步行10分 P1800輛（收費）**MAP**附錄P24C4

有海獅游過頭頂的甜甜圈型水槽

潛水人員一邊游泳一邊介紹魚類

永田町

こっかいぎじどう
📷 國會議事堂

參觀日本政治的中樞

大正9年（1920）動工、歷時17年完成了具有歷史意義的珍貴建築物。參議院、眾議院皆無需預約即可參觀。室外可以攝影。

DATA ☎03-5521-7445（參議院）☎03-3581-5111（眾議院）住千代田区永田町1-7-1 ¥免費參觀 休參議院和眾議院的可參觀日期不同，需洽詢 交地下鐵永田町站1號出口步行3分 P無 **MAP**附錄P25A4

飯田橋

とうきょうだいじんぐう
⛩ 東京大神宮

東京著名的「求姻緣」神社

以祈求姻緣聞名的神社。以年輕女性為主，平日也有許多參拜者造訪。除了戀愛成就御守500日圓，還有許多可愛的御守、戀愛籤詩以及求姻緣的繪馬等，參拜的時候不要錯過了。

DATA ☎03-3262-3566 住千代田区富士見2-4-1 ¥免費參觀 ⏰6～21時（御守販售8～19時）休無休 交JR飯田橋站西口步行3分 P無 **MAP**附錄P24C2

新宿

とうきょうとちょう てんぼうしつ
📷 東京都廳 展望室

免費欣賞城市美景

新宿的高樓大廈中最高、離地面202公尺的展望室。也很推薦在午餐時段前往員工餐廳。

DATA ☎03-5320-7890 住新宿区西新宿2-8-1第一本廳舍 ¥免費入場 北展望室9時30分～22時30分（南展望室～17時※北展望室公休時～22時30分）休北展望室第2、4週一，南展望室第1、3週二（逢假日則翌日休）交JR新宿站西口步行10分 P63輛（收費）**MAP**附錄P15A3

品川

えぷそん しながわあくあすてじあむ
📷 EPSON品川 AQUA STADIUM

離車站近、晚上也能逛的水族館

以海豚和海狗表演受到歡迎的水族館為主體，集結了4種活動設施。

DATA ☎03-5421-1111（語音專線）住港区高輪4-10-30品川王子大飯店內 ¥水族館1850日圓，其他設施500～1000日圓 ⏰12～22時（週六10時～、週日、假日10～21時）※視季節變動 休無休 交JR品川站高輪口步行約2分 P275輛（收費）**MAP**附錄P25B4

兩國

とうきょうとえどとうきょうはくぶつかん
📷 東京都江戶東京博物館

親身感受江戶和東京的歷史文化

展示浮世繪與和服等約2500件資料，介紹江戶東京歷史和文化的博物館。實物大小的日本橋等相當值得一看。

DATA ☎03-3626-9974 住墨田区橫網1-4-1 ¥常設展600日圓（特別展另計）⏰9時30分～17時30分（週六～19時30分）休週一（逢假日則翌日休、大相撲東京場所舉辦期間無休）交JR兩國站西口步行3分 P有（收費）**MAP**附錄P27B2

清澄白河

東京都現代美術館
とうきょうとげんだいびじゅつかん

緊鄰綠意盎然的木場公園

日本的現代美術館中規模最大的美術館。舉辦各種領域的企劃展、以4700件收藏品為核心的常設展等，從各種角度介紹現代美術的動向。

DATA ☎03-5245-4111 住江東區三好4-1-1 ¥常設展500日圓（企劃展另計）⏰10～18時 休週一（逢假日則翌日休）、換展期間 交地下鐵清澄白河站B2出口步行9分 P50輛（收費）MAP附錄P27B3

台場

富士電視台本社大樓
ふじてれび ほんしゃびる

感受藝人的心情！

有擺設當紅節目攝影棚道具的「美妙街道」、欣賞270度大廣角美景的球型瞭望室「HACHI TAMA」等充滿看頭的地方，是台場觀光的必去景點。也有販售伴手禮。

DATA ☎0180-993-188 住港區台場2-4-8 ¥免費參觀（球型瞭望室HACHITAMA 550日圓）⏰10～18時（展望室門票販售～17時）休週一（逢假日則翌日休，商店、餐廳無休）交百合海鷗線台場站步行3分 P無 MAP附錄P25A1

從球型瞭望室可以看到富士山

海螺小姐一家的人形燒、磯野家家族蛋糕（16個裝）779日圓。附族譜圖
©長谷川町子美術館

澀谷

NHK STUDIO PARK
えぬえいちけいすたじおぱーく

體驗製作節目的後台

可以體驗新聞主播和動畫的配音、以及製作原創影像等的主題樂園。部分的體驗區需要當天預約（按先後順序）。附設的商店網羅所有NHK角色的商品。

DATA ☎03-3485-8034 住渋谷區神南2-2-1 ¥入館200日圓 ⏰10時～17時30分 截止入場 休第4週一（會變動）交JR澀谷站八公口步行12分 P無 MAP附錄P16E2

汐留

日本電視台大樓
にってれたわー

從透明攝影棚參觀現場直播

除了可以透過玻璃參觀現場直播的ZERO STUDIO、販售人氣節目周邊的日本電視屋、宮崎駿導演設計的日本電視台大時鐘等都是觀光的重點。有時在大階梯會舉辦與節目互動的活動。

DATA ☎03-6215-4444（日本電視台觀眾服務中心）住港區東新橋1-6-1 ¥免費參觀 休視設施而異 交JR新橋站汐留口步行3分 P無 MAP附錄P21A2

台場

調色盤城摩天輪
ぱれっとたうんだいかんらんしゃ

16分鐘浪漫的空中散步

可以從115公尺的高度一覽台場絕色美景的摩天輪。也很推薦透明車廂。

DATA ☎03-5500-2655 住江東區青梅1-3-10調色盤城內 ¥搭乘920日圓（最多可乘坐6人的團體票3080日圓※透明車廂除外）⏰10～22時（週五、六、假日前一日～23時，天候不佳時～22時）休每年2次的檢修日、天候不佳時 交百合海鷗線青海站步行1分 P無 MAP附錄P25A2

赤坂

赤坂Sacas
あかさかさかす

值得一看的複合娛樂空間

以TBS放送中心為主體，集結商店和餐廳的「赤坂Biz Tower SHOP & DINING」和「赤坂ACT Theater」、「赤坂BLITZ」等娛樂景點。「Sacas廣場」則不分季節，舉辦著各種活動。

DATA ☎無 HPhttp://sacas.net/ 住港區赤坂5-3 ¥休視設施而異 交直通地下鐵赤坂站3b出口 P無 MAP附錄P25A4

台場

DiverCity Tokyo Plaza 台場購物廣場
だいばーしていとうきょう ぷらざ

實際大小的鋼彈像登場！

2012年4月於台場開幕的複合設施。有流行品牌和餐廳等150間以上的店鋪進駐。千萬不要錯過佇立在廣場上、高18公尺實物大小的鋼彈像。

DATA ☎03-6380-7800 住江東區青梅1-1-10 ⏰10～21時（餐廳11～23時）※部分店鋪除外 休不定休 交臨海線東京電訊站步行3分 P1400輛（收費）MAP附錄P25A1

台場

鋼彈東京最前線
がんだむふろんととうきょう

親身感受鋼彈世界

可以體驗鋼彈世界觀的娛樂空間（部分免費）。推薦可以乘坐等尺寸鋼彈半身像進行3D攝影的SHOT-G等設施。

©創通・サンライズ

DATA ☎03-5579-6283 HPhttp://gundamfront-tokyo.com 住江東區青海1-1-10DiverCity Tokyo Plaza 7F ¥收費區域入場1000日圓～（事先預約票）⏰10～21時（截止入場20時）休不定休 交準同DiverCity Tokyo MAP附錄P25A1

 真人大小的蠟像館，東京杜莎夫人蠟像館內（MAP附錄P25A1）裡，有60尊以上明星和名人的蠟像。

匯集新鮮漁獲的築地
前往市場和本願寺探險

逛上一圈
約2小時

匯集全日本新鮮漁獲的築地市場及周邊，充滿了海鮮美食。
充分感受市場的活力後，前往附近的寺院和茶屋悠閒地休息。

＋築地是（つきじ）
什麼樣的地方

有來自全日本的海鮮聚集的
築地市場，場內、場外販售
海鮮美食和海產、玉子燒等
的商店一間接著一間。周邊
則有築地本願寺和濱離宮等
歷史悠久的建築物。

交通
東京站搭乘JR山手線至新橋站4分，新
橋站搭乘地下鐵淺草線至大門站2分，
大門站搭乘地下鐵大江戶線至築地市場
站4分。350日圓

洽詢
東京都中央批發市場
☎03-3547-7074

歡迎光臨！

1 充滿異國風情的本堂 **2** 許多觀光客
造訪的人氣景點 **3** 招牌主廚全餐3780
日圓有7貫握壽司和壽司捲、味噲湯
4 本願寺周邊有販售佛具和日式小物的
商店 **5** 醬油口味144日圓、紅豆餡和豆
沙餡各154日圓

\ 出發！ /

🍣 大和壽司（だいわずし） 3

市場的排隊名店
頂級壽司料讓人讚不絕口

可以吃到大分量新鮮魚料的人氣
壽司店。口感鬆軟的江戶前星鰻
堪稱絕品。10時過後便會大排長
龍，建議提早前往。

☎03-3547-6807 **住**中央區築地5-2-1
築地市場場內6號館 **⏰**5時30分～13
時30分 **休**週日、假日、休市日 **交**地
下鐵築地市場站A1出口步行3分 **P**無
MAP附錄P21
C3

可以向吧檯裡的
師傅詢問推薦的
壽司

步行5分 ▶

🛍 茂助だんご（もすけだんご） 5

1天賣出1000支
老字號和菓子店的糰子

創業110年以上、深受當地愛戴
的店。相當推薦採用北海道產紅
豆的紅豆餡和豆沙餡、香氣逼人
的醬油味糰子等3種。

☎03-3541-8730 **住**中央區築地5-2-1
築地市場場內1號館 **⏰**5～12時 **休**週
日、假日、休市日 **交**地下鐵築地市場站
A1出口步行5分 **P**無 **MAP**附錄P21C3

別有風情的門
簾。加入自製寒
天的冰淇淋餡蜜
570日圓也相當受
歡迎

步行5分 ▶

⛩ 築地本願寺（つきじほんがんじ） 1

呈現獨特的世界觀
古印度式建築的罕見寺院

石造的印度式建築相當引人注
目，京都西本願寺的直轄寺院。
幾何圖樣的石群等，美麗的裝飾
讓造訪者深深著迷。

☎03-3541-1131 **住**中央區築地3-15-
1 **¥休**境內自由 **交**
地下鐵築地市場站出口
步行1分 **P**有（僅限參
拜者使用）**MAP**附錄
P20D2

本堂正面的階梯旁有長
了翅膀的獅子像。還有
莊嚴的石像

尋找廣受好評的伴手禮

來到東京，一定要買最當紅的伴手禮！
除了針對這種需求的人氣商品，
就連講求獨一無二的人都能得到滿足，
正是大都會東京的魅力所在。

毫不猶豫地買下的伴手禮
華麗的名牌甜點

受到世界各地矚目的知名品牌的甜點。
頂級的逸品，是送給重要的人絕佳贈禮。

馬卡龍 20個裝 9072日圓
1個302日圓～
外側酥脆、中間扎實。中央
的奶油香甜又溫和，充滿獨
特的風味。

青山
びえーる・えるめ・ぱり あおやま

PIERRE HERMÉ PARIS 青山

征服世界的獨創甜點

被稱為法式甜點界畢卡索的Pierre
Hermé的店。青山店是日本第一間路
面店。1日賣出1000個以上的人氣馬卡
龍，除了招牌的玫瑰和巧克力，常備
10種以上的口味。

☎03-5485-7766 住渋谷区神宮前5-51-8
La Porte Aoyama1・2F ①11～20時(2F 12
時～) 休不定休 交地下鐵表參道站B2出口步
行5分 P無
MAP附錄P9C4

華麗的空間裡陳
列著藝術品般的
甜點

表參道
らめぞん でゅ しょこら

La Maison du Chocolat

征服粉絲的頂級巧克力

1977年誕生於巴黎、一直堅守創業
當時製法的巧克力專賣店的青山分
店。該店嚴選最頂級的可可豆，再
由經驗豐富的師傅製作出奢華的巧
克力。

溫馨又沉穩的空間。
也有咖啡廳

☎03-3499-2168 住港区北青山3-10-8
①12～20時 休無休 交地下鐵表參道站
B2出口即到 P無 MAP附錄P9C4

岩城島檸檬蛋糕
1個294日圓
以瀨戶內海上的「檸檬
島」為發想。使用酸味
圓融的鹽城島檸檬，烤
得鬆軟綿密。

銀座
そおら とうきょう

SOLA TOKYO

星級主廚打造的逸品

活躍於美國的米其林一星主廚David
Myers在日本的第一間店。堅持選用
日本食材，使用親自挑選的材料。
檸檬蛋糕和招牌的瑪德蓮蛋糕相當
受到歡迎。

☎03-3562-1111 住中央区銀座4-6-16銀
座三越地下2F ①10時30分～20時 休不
定休 交地下鐵銀座站A7出口即到 P399輛
(收費) MAP附錄P11C2

店面上還有華
麗陳列的點心

綜合巧克力
6顆裝 2592日圓
代表該品牌的巧克力禮
盒。品嘗得到甘納許和
慕斯等招牌口味。

東京站GRANSTA
可愛又美味的蛋糕

點心研究家Igarashi Romi推出的「Fairycake Fair」杯子蛋糕1個400日圓～。外型可愛、風味濃郁，相當受到歡迎。
☎03-3211-0055 **MAP** 附錄 P19C2

渋谷
ぱぱぶぷれ しぶやてん
papabubble 澀谷店
美味又具有藝術感的糖果

總店位於西班牙巴塞隆納的糖果專賣店。不同圖案的糖果有著不同的清新味道和香氣，蔚為話題。店內也能參觀師傅製作糖果的過程。

放入玻璃瓶的糖果最適合當作禮物

☎03-6407-8552 **住**渋谷区神山町17-2 **①**11～21時(週日、假日～19時) **休**週一(逢假日則翌日休) **交**JR澀谷站八公口步行10分 **P**無 **MAP**附錄P16E1
2014年起因改裝工程歇業，重新開幕日期未定。

Candy Bag
1袋480日圓～
五顏六色的水果口味。還會加入季節限定的口味，如夏天的西瓜、秋天的西洋梨等

自由之丘
すとーるれすとらん
Stall RESTAURANT
深受海外名緩喜愛的蛋糕

奧澤蛋糕捲390日圓相當知名。包含黛安娜王妃喜愛的黛安娜紅蘿蔔蛋糕，受到英國名媛喜愛的人氣品牌「Notting Hill Cakes & Gifts」的蛋糕和餅乾等，在日本唯一的製造和販售地點。

也可在時尚的店裡內用

☎03-5483-8811 **住**世田谷区奥沢5-28-1fino JIYUGAOKA B1F **①**11～23時 **休**不定休 **交**東急東橫線自由之丘站正面口步行3分 **P**無 **MAP**右圖

牛奶糖C.B.S.
8個裝1296日圓
鹽味奶油牛奶糖。加入榛果、杏仁、核桃等碎果仁增添口感

六本木
あんり・るるー
HENRI LE ROUX
柔軟滑順的牛奶糖

世界唯一的焦糖師傅HENRI LE ROUX的直營店。大量使用含鹽奶油和新鮮水果製成的牛奶糖入口即化，可說是最頂級的享受。

☎03-3479-9291 **住**港区赤坂9-7-1東京中城GALLERIA B1F **①**11～21時 準同東京中城 **交**地下鐵六本木站8號出口步行4分 **P**390輛(收費) **MAP**附錄P13B1

在咖啡廳可以品嘗到以牛奶糖和巧克力製作的甜點

磅蛋糕
各305日圓(包裝+100日圓)
前起巧克力柳橙、伯爵茶、蘭姆葡萄乾。口感濕潤香氣濃郁

📖 季節限定的口味和包裝也不容錯過！部分產品數量有限，需特別留意。

美食愛好者也給予肯定
名店的美味伴手禮

送給喜愛美食的朋友，就選代表東京的名店逸品吧。
代代相傳的風味裡，可以感受到對美味的堅持。

淺草
あさくさいまはん こくさいどおりほんてん

浅草今半
国際通り本店

跨越世紀受到喜愛的
傳統美味，牛肉佃煮

明治28年（1895）以牛肉火鍋
店開業。販售融入壽喜燒風
味、對牛肉也相當講究的牛肉佃
煮。用餐處可以品嘗到壽喜燒
御膳6480日圓～（中午的壽喜
燒御膳3780日圓～）等菜色。

牛肉壽喜燒 1盒1080日圓
牛肉牛蒡 1盒540日圓
除了照片中的商品，還有牛肉蓮藕和
牛肉香菇等，種類豐富。可以組合成
伴手禮

☎03-3841-1114 住台東区西浅草
3-1-12 ⏰11時30分～21時30分 休無
休 交筑波快線淺草站A2出口即到
P無 MAP附錄P6A2

面對道路，1F
是商店

銀座
いしんごう ぎんざほんてん

維新號 銀座本店

在家享用以自古不變的作
法製作的奢華包子

創業110年以上，是作家魯迅、
周恩來前總理、以美食家聞名的
英文學者吉田健一等人經常光顧
的中華料理名店。以高品質豬肉
製作的肉包、以北海道紅豆製作
的豆沙包等，至今依然堅持手工
製作。也可以在店內品嘗。

肉包、豆沙包
各1個561日圓
以豬肉和鄂霍次克干貝製作的
肉包，以及高雅且甜度剛剛好
的豆沙包

☎03-3571-6297 住
中央区銀座8-7-22
B1F ⏰11時15分～
21時30分LO（週六、
日、假日11時30分～
21時LO）休無休 交
地下鐵銀座站A2出口
步行5分 P無 MAP
附錄P11B3

連著3代光顧的
客人也多

銀座
ぎんざわかな ぎんざほんてん

銀座若菜
銀座本店

販售家傳的奈良漬、
季節的淺漬

文政11年（1828）創業、位於
銀座7丁目的醬菜店。發揮傳統
手藝、以優質的日本國產蔬菜
製作的醬菜廣受好評。鹽、醬
油、酒、昆布等的調味料也是
堅持使用傳統的製品。

江戶味三昧
1袋（3包組）864日圓
江戶牛蒡、江戶歌舞伎漬、柴
魚片生薑的組合。當作下酒菜
也很推薦

☎03-3573-54
56 住中央区銀座
7-5-14 ⏰11～
21時（週六～18
時）休週日、假日
交地下鐵新橋站
3號出口步行5分
P無 MAP附錄
P11B3

散發老店風格
的沉靜店面

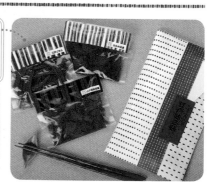

傳遞真實風味的
柴魚片專賣店

元祿12年（1699）創業。在「にんべん 日本橋本店」除了有以本枯柴魚片製作的商品，也可以現場品嘗的菜色。柴魚香鬆9包（日本橋）1080日圓，當作伴手禮也很推薦。
☎03-3241-0968　**MAP**附錄P18E1

銀座
ぎんざせんびきや ぎんざほんてん
銀座千疋屋
銀座本店

高級水果店的
夢幻三明治

明治27年（1894）創業的高級水果專賣店。水果都經由熟知水果的人員把關，嚴選最優質的商品。位於2F、日本第一間的水果吧裡，可以品嘗到發源於此的水果雞尾酒1080日圓。

水果三明治
1盒1080日圓
放入大量草莓、哈密瓜、蘋果等水果的人氣商品

☎03-3572-0101
住 中央区銀座5-5-1 ⏰10〜20時（週日、假日11〜18時）休無休 文地下鐵銀座站B5出口步行1分 P無 **MAP**附錄P11C2

1F陳列著高級水果

GINZA SEMBIKIYA

銀座
ぎんざ きゅうべえ ほんてん
銀座 久兵衛 本店

魯山人也喜愛的
銀座江戶前壽司

受到北大路魯山人和志賀直哉等文化人喜愛、昭和10年（1935）創業的壽司店。同時以軍艦壽司的發源店而聞名。相當受歡迎的伴手禮「壽司捲」是加了烤星鰻的奢華逸品。可以品嘗到由大師傅製作的壽司捲。

壽司捲
1條3240日圓
加入江戶前星鰻、沙蝦煎蛋捲、明蝦等6種材料的壽司捲

☎03-3571-6523
住 中央区銀座8-7-6 ⏰11時30分〜14時、17〜22時 休週日、假日 文地下鐵新橋站3號出口步行5分 P無 **MAP**附錄P11B4

位於有許多老店的路上

神田
かんだまつや
神田まつや

作家池波正太郎經常光顧
的香味濃郁的蕎麥麵名店

明治17年（1884）創業、受到許多名人喜愛的蕎麥麵店。選用北海道、青森和長野縣的蕎麥。講究手工、重視蕎麥麵本身的香味和麵條的嚼勁、口感。熟練的師傅手工製作的蕎麥麵堪稱絕品。

手工八割蕎麥麵
3人份1500日圓
使用以石磨研磨的蕎麥粉。因為是乾麵，保存期限是半年，適合放入木箱中當作禮物

☎03-3251-1556　住 千代田区神田須田町1-13 ⏰11〜20時（週六、假日〜19時）休週日 文地下鐵淡路町站A2出口步行1分 P無 **MAP**右圖

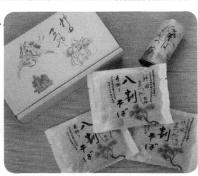

「神田まつや」有60個座位，但仍經常客滿。如果不想排隊，建議在15〜17時前往。

發揮傳統工匠技藝
Made in 東京的逸品

在東京以老街為中心，各類型的工匠努力地製作著工藝品。
前往購買想要長久愛用、由精巧的手工所製作出的逸品。

銀座

みやもとしょうこう ぎんざほんてん
宮本商行 銀座本店

展現精緻工藝的
銀製品專賣店

明治13年（1880）創業於銀座、
上呈宮內廳銀製品的名店。東京
老街的師傅承襲傳統技術製作的
餐具和首飾等，都值得一輩子珍
藏。高雅的字母吊飾16200日圓。

☎03-3538-3513 ⓯中央区銀座1-9-7
🕙10時30分～18時30分 ⓱週日、假
日 🚇地下鐵京橋站2號出口步行2分 Ⓟ
無 MAP 附錄P10D2

**髮簪
（蓮藕、千鳥）
各9720日圓**
可愛造型的髮簪可以搭
配洋裝

**手鏡 唐草雕
28080日圓**
淑女身上的必備用具

**化妝箱（櫻花）
37800日圓**
賦予細緻手工的逸品

淺草

はこちょう おれんじどおりてん
箱長 オレンジ通り店

製作承襲傳統美的
桐木工藝品

明治7年（1874）創業。販售桐
木盒、桐木櫃等發揮傳統技術的
桐木工藝品。在桐木鑲上絲綢和
佐賀錦的布料，呈現美麗花樣的
「桐木目鑲」，是該店特有的裝
飾技法，相當出名。

☎03-3843-8719 ⓯台東区浅草1-4-
5 🕙10時30分～20時 ⓱無休 🚇地下
鐵淺草站1號出口步行5分 Ⓟ無 MAP
附錄P6B3

**手鏡（櫻花）
12960日圓**
每次使用都有種奢華的氣氛

**明信片盒（大）
7020日圓**
可以長久愛用的商品

知名畫家與插畫家喜愛的畫具店

大正6年（1917）創業、位於銀座的「月光莊畫材店」。販售講究材料和使用性、由畫家製作的自製商品。附設出租藝廊和咖啡廳。旅行時能派上用場的文具組1906日圓。

☎03-3572-5605 MAP附錄P11B3

assort系列
土耳其石項鍊
30240日圓、
珊瑚耳環 1對10800日圓
以玳瑁結合其他素材，呈現隨興氛圍

胸針
愛心 7560日圓～、
眼鏡 7560日圓～
別在上衣、毛衣、披肩上都不錯

淺草
べっこういそがい あさくさてん
ベッ甲イソガイ 淺草店

充滿氣質、琥珀色的江戶玳瑁

工廠位於淺草和龜戶、傳承3代的江戶玳瑁老店。以海龜殼為原料的玳瑁工藝，藉由長年的技術，製成腰帶扣和髮簪等商品。最近也製作現代風的飾品等。

☎03-3845-1211 住台東區淺草1-21-3
⏰10～19時 休週三 交地下鐵淺草站1號出口步行5分 P無 MAP附錄P6B3

噴砂玻璃酒杯
各4320日圓
在江戶切子用的玻璃表面以噴砂雕刻而成

江戶切子
酒杯 各10000日圓
相當適合節慶送禮充滿工匠技術的商品

淺草
えどきりこ あさくさおじま
江戶切子 淺草おじま

讓平日小酌更有味道

傳承3代、面對傳法院通的江戶切子商店。從傳統花樣到新藝術風格，雕出各種圖案，製作出美麗的作品。

☎03-5828-3996 住台東區淺草2-3-2 ⏰9～17時 休無休 交地下鐵淺草站6號出口步行5分 P無 MAP附錄P6B2

銀座
ぎんざおおのや
銀座大野屋

就來這裡尋找江戶風情的圖案

明治元年（1868）創業。製作古典、干支、美人畫等近400種自古以來深受喜愛的花樣的手巾。位於歌舞伎座附近，因此也有許多歌舞伎圖案。也有販售和服布料、日式小物等。

☎03-3541-0975 住中央區銀座5-12-3
⏰10～17時 休週三 交地下鐵東銀座站A1出口步行1分 P無 MAP附錄P10D3

紋提燈
864日圓
當作江戶伴手禮也不錯

羞澀美人
1134日圓（左）
可以裱框後當作擺飾

牡丹
810日圓（右）
根據季節裝飾不同花朵也不錯

 淺草和銀座的老店大多在週日和假日公休，需特別留意。

東京的伴手禮

脫胎換骨變身美人！
東京限定的人氣美妝品

東京有許多來自日本國內外的美妝品和香氛品牌的店家。
利用只有東京才買得到的商品，讓自己變得更美吧。

五行茶bb maman 牛蒡&乾燥番茄特調花草茶（前方）1296日圓 /
MUGWORT沐浴精（中央）4104日圓 / Jusd'Olive 白玫瑰（中央
左）7875日圓 / bb maman（最後方）1404日圓

Légendes d'Orient裝飾蠟燭（右後）4968日圓 / Orchidée blanche
裝飾蠟燭（左後）4968日圓 / Pivoine impériale香石&香皿（前）
3240日圓

表參道
しんしあ・がーでん
SINCERE GARDEN

豐富的有機保養品

1F是販售自全世界精心挑選出
的有機保養品的商店。B1F的
SPA提供芳香療法和阿育吠陀
療法等，2種以植物療法為基
礎的療程；2F則是品嚐得到米
飯和新鮮時令蔬菜的咖啡廳。

☎03-5775-7370 住港区北青
山3-5-4青山高野ビルB1・2F
🕚11～21時（週日、假日～20
時）※咖啡廳11時30分～19時
LO 休無休 交地下鐵表參道站
A3出口步行4分 P無 MAP附
錄P8D3

▲木質溫暖且柔和的氛
圍。B1F也有SPA

▼2F的咖啡廳供應季節獨
家田園沙拉套餐1540日
圓

銀座
えすてばん
ESTEBAN

巴黎的居家香氛

以「讓無形的香氛有形化」為
概念，網羅各種香味的居家香
氛品牌。線香和精油、噴霧
等，可以根據場合和地點進行
選擇，各種品項相當充實。也
有禮盒5400日圓～，相當適合
送禮。

☎03-3541-3451 住中央区銀
座4-9-1 🕚11～19時 休無休 交
地下鐵銀座站A12出口步行2分
P無 MAP附錄P10D3

▲店內是高雅洗練的氛
圍。也有B1F

▼商品由巴黎的首席設計
師所設計

140

體驗最流行的
化妝技術！

以模特兒和音樂人的專屬化妝師而
聞名的Ｋａｏｒｉ．Ｋ所開設的
「BeautiK」。可以體驗使用噴槍
的重點彩妝，1個部位500日圓。
☎03-6804-3328 **MAP**附錄
P9B2

FARAN死海浴鹽
（前方右）2592
日圓／FARAN山
羊奶香皂（前方
左）1404日圓／
spa hinoki髮膜
（籃內右）2674
日圓／spa hinoki
洗髮精（籃內
左）各2057日圓

まあるい香皂
Made in Earth（左
前）820日圓／
PRIMAVERA玫瑰
石榴噴霧化妝水
（左後）5400日
圓／CRECOS純
絲瓜精華（後中
央）4104日圓等

銀座
おーがにっくまーけっとふるーる
Organic Market Fleur

銀座當紅的保養品商店

網羅來自歐洲等各個國家的
天然&有機產品的精品店。除
了保養品、身體系列，麥蘆
卡蜂蜜和不凋花等禮品也很
豐富。

可以現場立即試用感興趣
的商品

☎03-3571-5550 **住**中
央区銀座8-7-5金春ビル
1F **時**11時30分～21時
休週六、日、假日 **交**地下
鐵新橋站3號出口步行5
分 **P**無 **MAP**附錄
P11B4

表參道
みず・くれよんはうす
ミズ・クレヨンハウス

網羅對身體有益的商品

位於知名的兒童書店crayon
house 3F的自然派保養品
店。除了講求天然成分和植
物性的美妝品，也有護髮產
品、嬰幼兒也能使用的防曬
用品、有機化妝棉等。

陳列著30種以上的有機保
養品

☎03-3406-6465 **住**港
区北青山3-8-15 **時**11～
19時（餐廳～22時LO、
野菜市場10～20時）**休**
無休 **交**地下鐵表參道站
A1出口步行3分 **P**無
MAP附錄P9C3

（左起）Dear My
Blooming Lips-talk
各1200日圓／
Tear Eye Liner各
780日圓／
Precious Mineral
Any Cushion 2780
日圓／面膜各160
日圓／CC霜
（後）1900日圓

體驗組（最右）
1個3600日圓／
GRAIN PLUS
INNER BEAUTY
甜點（前）1個
310日圓～等

新宿
えちゅーど はうす
ETUDE HOUSE

搶先擁有當紅的
韓國美妝

美容大國韓國的熱賣美妝品
牌。加入大量美肌精華的化
妝品BB霜、富含膠原蛋白
的美容液等，許多能讓妳成
為裸肌美女的商品。

以女生喜愛的「洋娃娃
屋」為發想

☎03-5368-0917 **住**新宿区
新宿3-38-1LUMINE EST
B1F **時**11～22時（週六、
日、假日10時30分～）**休**不
定休 **交**JR新宿站中央東口
步行1分 **P**154輛（收費）
MAP附錄P15C2

表參道
あむりたーら はうす
amritara HOUSE

讓自己健康又美麗

使用植物原料80%以上的有
機和天然原料、日本國產的
有機化妝品品牌。從內在開
始變美的保健食品和點心、
水果乾等，除了化妝品以外
的商品也很豐富。

僅此一間的直營店。所有
種類的化妝品齊備

☎03-6427-7647 **住**渋
谷区神宮前5-12-12
J-Wing Right 1F **時**11
時～19時30分 **休**無休
交地下鐵明治神宮前（原
宿）站4號出口步行4分
P無 **MAP**附錄P9B3

這裡介紹的店鋪中，有些除了化妝品，也販售有機點心和茶等。

東京的伴手禮 ● 東京限定的人氣美妝品

自己選擇刺繡和圖案

訂做世界上獨一無二的手帕

手帕是女性日常生活中不可或缺的用品。來訂做一條放在包包裡就能讓心情變好、自己喜歡的手帕吧。也很推薦訂做特殊場合時使用的手帕。手帕一條1944日圓～，贈送繡上對方姓名縮寫的手帕，相信收到的人一定也會很高興。

照片前方繡上姓名縮寫的訂作手帕可當日取貨（1個圖案432日圓～）、照片後方有圖樣和文字等自行設計的刺繡，版型費2160日圓、刺繡費648日圓／次※第一次刺繡費用免費。兩者皆不含手帕的費用

═══ 訂作手帕 ═══

如果要以現有的圖案製作，可以從樣本書中選擇。除了姓名縮寫，也有圖案。圖案需5～7天的製作時間，1個圖案648日圓～。

選擇自己喜愛的手帕。採用來自加勒比海限定區域、世界最高等級的海島棉花製作的手帕相當受歡迎。

繡線可從樣本中選擇。可以搭配手帕，選擇自己喜愛的顏色。如果不知道該怎麼選的話，可以請店員提供專業的建議。

六本木

クラシクス・ザ・スモールラグジュアリ

Classics the Small Luxury

提供「專屬自己最重要的手帕」、「送給最重要的人的手帕」的手帕專賣店。陳列著比利時蕾絲和越南刺繡、印度刺繡等，對素材、顏色、設計都相當講究的各種商品。

☎ 03-5786-9790　🏠港区六本木6-10-1六本木之丘 WEST WALK 4F　🕐11～21時　🈁無休　🚇直通地下鐵六本木站1C出口　🅿2762輛（收費）　**MAP**附錄P13B3

挑選飯店
讓東京之旅更完美

以療癒方案度過優雅的時光，
或是在時尚的客房裡感受摩登女性的心情。
根據旅遊型態來選擇飯店，
讓旅行的回憶更加美好。

豐富的超值優惠
女性專案齊全的飯店

想要悠閒玩樂的話，推薦可以預訂附有特別優惠的女性專案。
以最棒的方案，充分享受在都心度過的一晚。

江戶川橋
ホテル椿山荘東京

東京椿山莊大酒店

款待來自世界的顧客
如同森林般的庭園飯店

擁有廣大又美麗的日本庭園，可以說是都會中的綠洲。帶有歐洲風格的優雅客房也是受到歡迎的原因之一。此外還有東京都內最大規模的SPA&美容設施。推薦給想要在飯店悠閒度過一整天的人。

☎03-3943-1111 住文京区関口2-10-8 ¥高級房51084日圓～ IN15時 OUT12時 交地下鐵江戶川橋站A1出口步行10分 P400輛（收費）●260間（高級房190間等）●2013年1月以東京椿山莊大酒店重新開業 MAP附錄P26B3

1 在全天候開放的游泳池度過優雅時光 2 客房的室內裝潢也很不錯 3 飯店用品是保濕力極高的歐舒丹

推薦專案

Urban Oasis住宿專案（至2015年9月30日止）
高級房一大床或雙床房
1泊附早餐2人1室1人1萬8000日圓～（未含住宿稅）
SPA「悠YU、THE SPA」的使用（游泳池、溫泉、健身房），附可從餐廳的西式、日式餐點或客房服務中選擇早餐。

赤坂見附
ホテルニューオータニ

東京新大谷飯店

一流軟硬體設施
值得住上一次的名門飯店

昭和39年（1964）開幕、代表日本的名門飯店。具有400年歷史的廣大日本庭園，是各界名人曾到訪的名園。用餐處網羅了「La Tour D'Argent」、「久兵衛」等知名餐廳。腹地內還有美術館。

☎03-3265-1111 住千代田区紀尾井町4-1 ¥T、W37028日圓～ IN14時 OUT12時 交地下鐵赤坂見附站D紀尾井町口步行3分 P760輛（收費）●1479間（T624間、W656間等）●1964年9月開業 MAP附錄P25A3

1 KOSE「戴珂」的獨家備品 2 庭園景觀客房。早餐在房內享用（可換為午餐） 3 極盡奢華的庭園和館內

推薦專案

女性專案「Ladies Plus.」
雙床房1泊附早餐 1人1萬4040日圓～
贈送戴珂的獨家飯店備品、以及可以優惠價格使用護膚中心和享用甜點的護照。還有限定週日、平日的客房升級優惠。

  車站步行5分以內 有美容設施 有禁菸房 有女性專屬樓層 有網路 單人住宿OK

1 只有這裡可以體驗誕生自峇里島的「Mandara Spa」
2 設備齊全的頂樓套房
3 享受遠離都會喧囂的極致放鬆

推薦專案

Mandara Vacances
標準房1泊附早餐 1人2萬5520日圓～
可以選擇「Mandara Spa」中受到歡迎的療程。還附有高級保養品牌「ELEMIS」的飯店用品。

汐留

ロイヤルパークホテル ザ 汐留

皇家花園飯店 THE 汐留

以頂級的Spa體驗 度過無比幸福的片刻

位於汐留的人氣都會飯店。客房皆位在26F以上的高樓層，窗外的景色相當出色。還設有受到海外貴婦喜愛的「Mandara Spa」等奢華的療癒空間。約有30種菜色的自助式早餐也很美味。

☎03-6253-1111 住港区東新橋1-6-3 ¥T34452日圓～W26136日圓～ ⏲IN15時 OUT11時 交JR新橋站汐留口步行3分 P192輛(收費) ●487間(T143間、W344間)●2003年7月開業 MAP附錄P21A3

新宿

京王プラザホテル

京王廣場大飯店

眺望燦爛夜景 充分感受都會夜晚

由37層和47層的2座高樓組成，以1436間客房數自豪的飯店。飯店內含餐廳共有25間豐富的餐飲設施。從豪華的客房，可以眺望眼前的東京都廳和整個都心的夜景。

☎03-3344-0111 住新宿区西新宿2-2-1 ¥T、W33664日圓～ ⏲IN14時 OUT11時 交JR新宿站西口步行5分 P509輛(收費) ●1436間(T954間、W434間等)●1971年6月開業 MAP附錄P15B3

推薦專案

o'shabeliese～beauty～
雙床房2人1室1泊附早餐
1人13000日圓～
也可3人利用，推薦與朋友住宿時使用。贈送美容沙龍「Carju Rajah京王廣場大飯店店」的優惠券。

1 全新高級房有33平方公尺的寬敞空間
2 早餐可在餐廳享用或是選擇客房服務（女性限定）
3 豪華客房內有按摩椅

※照片僅供參考

1 所有客房都具備自家的「Heavenly Bed」
2 在有30種以上療程的正統Spa充分享受歐式療法

推薦專案

Le Spa Parisien 五感療癒 SPA&住宿
1泊附早餐 1人32000日圓～
附歐式SPA「Le Spa Parisien」的療程。
還有專屬Lounge的各項服務。

惠比壽

ウェスティンホテル東京

THE WESTIN TOKYO

在洋溢歐洲風情的 頂級空間裡放鬆

古典的大廳讓人彷彿來到歐洲，沉穩靜謐的客房、綠意和花朵的庭園、頂級的服務，讓人度過極為幸福的時光。

☎03-5423-7000(代表號) 住目黒区三田1-4-1 ¥T、W7萬3656日圓～(客房費用※未含住宿稅) ⏲IN14時 OUT12時 交JR惠比壽站東口步行7分 P300輛(收費) ●438間(T203間、W215間等)●1994年10月開業 MAP附錄P23A4

※S…單人房住宿時1人的費用、W…雙人房2人住宿時1人的費用、T…雙床房2人住宿時1人的費用（皆為淡季時1泊的最低費用）

室內裝潢相當可愛
女性喜愛的小型飯店

以下介紹女性一個人也能輕鬆入住、可愛的小型飯店。
在漂亮的客房和時尚的咖啡廳，享受悠閒的住宿樂趣。

1 室內裝潢相當時尚的大廳 **2** 讓人聯想到巴黎街頭的建築物 **3** 黃色搭配大朵玫瑰的標準單人房

澀谷 🚭🏨📶🛏

サクラ・フルール青山

Sakura Fleur Aoyama

挑動少女心的可愛飯店

可愛的家具和室內裝潢相當受到好評。壁紙有粉紅色玫瑰、藍色條紋等4種，彌漫著巴黎的氛圍。飯店備品也很齊全，有負離子吹風機和加濕器等。前往「澀谷HIKARIE」（☞P106）步行約4分。

☎03-5467-3777 🏠渋谷区渋谷2-14-15 ⏰IN15時 OUT10時 🚃JR澀谷站東口步行5分 🅿無 ●133間（S85間、W45間等）●2004年12月開業 MAP附錄P17B4

```
費用
※單人房※
8700日圓～
※雙人房※
5600日圓～
```

1 Tea Lounge供應的下午茶套餐2400日圓～ **2** 寬敞舒適的大廳 **3** 充滿高級感的雙人房

神樂坂 🚭🏨🚺📶🛏

アグネス ホテル アンド アパートメンツ 東京

THE AGNES HOTEL AND APARTMENTS TOKYO

歐洲居家風格的飯店

位於神樂坂岔路的寧靜住宅區內的低調飯店。各客房的浴室備有按摩浴缸，相當受到女性喜愛。現點現做的歐姆蛋和新鮮果汁也廣受好評。

☎03-3267-5505 🏠新宿区神楽坂2-20-1 ⏰IN15時 OUT12時 🚃地下鐵飯田橋站B3出口步行5分 🅿無 ●56間（W36間、T8間等）●2000年4月開業 MAP附錄P24B2

```
費用
※雙人房※
22000日圓～
※雙床房※
30000日圓～
```

1 統一咖啡色調的本館單人房（雙人床）
2 低調沉穩的大廳

費用
❖單人房❖
9000日圓～
❖雙床房❖
14000日圓～

銀座
ホテルモントレ銀座

銀座蒙特利酒店

巴黎風格的銀座小型飯店

位於銀座柳通上的石造飯店。館內和客房裡擺放著來自巴黎的藝術品和家具，呈現出高格調的空間。現代巴黎風格的新館也很吸引人。

☎03-3544-7111 住中央區銀座2-10-2 ⏰IN15時 OUT11時 🚇地下鐵銀座一丁目站11號出口步行1分 🅿28輛（收費）●224間（S28間、T93間等）●2000年6月開業 MAP附錄P10D2

1 現代氛圍的大廳
2 席夢思床相當舒適

費用
❖單人房❖
11100日圓～
❖雙人房❖
16000日圓～

六本木
ホテル ザ・ビー六本木

the b 六本木酒店

雅致的設計師飯店

位於六本木、僅76間客房的隱密設計飯店。以有型又明亮的大廳、統一為沉穩色調的客房為一大賣點。

☎03-5412-0451 住港區六本木3-9-8 ⏰IN15時 OUT11時 🚇地下鐵六本木站5號出口步行1分 🅿5輛（收費）●76間（S22間、W32間等）●2004年12月開業 MAP附錄P13C2

1 充滿木質溫暖的客房「Junlor Suite」
2 餐廳「Trattoria ARIETTA」的露天座位

費用
❖單人房❖
8856日圓～
❖雙人房❖
6480日圓～

五反田
アリエッタ ホテル&トラットリア

ARIETTA HOTEL & TRATTORIA

品嘗更上一層樓的美食

雅致的義大利設計風格的飯店。附設以使用季節素材的手工寬扁麵為賣點的義大利料理餐廳「Trattoria ARIETTA」。

☎03-5448-9111 住品川區東五反田2-5-2 ⏰IN15時 OUT12時 🚇JR五反田站東口步行5分 🅿無 ●89間（S56間、W16間等）●2002年4月開業 MAP附錄P26A2

1 位於離澀谷站有些距離的寧靜街道上
2 單人房也配置著雙人床

費用
❖單人房❖
15544日圓～
❖雙人房❖
22772日圓～

澀谷
渋谷クレストンホテル

SHIBUYA CRESTON HOTEL

沉穩靜謐的飯店

從澀谷和代代木周邊的交通相當方便的飯店。特色是氛圍時髦又穩重的客房。所有客房裡都插有一朵可愛的花，營造出療癒的空間。

☎03-3481-5800 住渋谷區神山町10-8 ⏰IN15時 OUT11時 🚇JR澀谷站八公口步行12分 🅿無 ●53間（S37間、W7間等）●1990年6月開業 MAP附錄P16E1

※S…單人房住宿時1人的費用、W…雙人房2人住宿時1人的費用、T…雙床房2人住宿時1人的費用（皆為淡季時1泊的最低費用）

可作為東京觀光的據點
便利又舒適的都會飯店

想要充分享受東京觀光的樂趣，東京都內車站附近的飯店較為方便。
以下介紹滿意度高、服務充實的推薦飯店。

銀座
メルキュールホテル 銀座東京
東京銀座美居酒店

巴黎風格的客房備受到女性肯定

由法國的Accor Hotel經營、共有208
間客房的小型飯店。以全面採用席夢
絲床和寬敞浴室為特徵的歐風客房是
一大賣點。也有附深受喜愛的歐舒丹
為備品的專案。設有女性專用樓層。

DATA ☎03-4335-1111 住中央区銀座2-9-4 交直通地下鐵銀
座一丁目站11號出口 P20輛(收費) S20790日圓～ T27720
日圓～ IN14時／OUT11時 ●208間 ●2004年10月開業
MAP附錄P10D2

銀座
三井ガーデンホテル銀座プレミア
三井花園飯店銀座普米爾

連續7年刊載於米其林指南

2013年4月重新開幕、銀座唯一的高
塔飯店。可以眺望東京鐵塔的大廳
等，時尚又洗練的設計每年都獲得極
高的評價。可以從優雅的浴室中欣賞
都會夜景的房型也非常受到歡迎。

DATA ☎03-3543-1131 住中央区銀座8-13-1 交JR新橋站銀座
口步行5分 P119輛(收費) S27200日圓～ T18560日圓～
IN15時／OUT12時 ●361間(S100間、T72間、其他189
間) ●2005年11月開業 MAP附錄P11C4

銀座
ホテルグレイスリー銀座
格拉斯麗銀座酒店

享受有別於日常的優雅空間

位於銀座一旁的飯店。以米白色和酒
紅色為基調的客房，是散發高級感的
成熟空間。有著豪華水晶吊燈的餐
廳，其餐點也廣受好評。可以品嘗到
由主廚打造、講求對身體有益的料理。

DATA ☎03-6686-1000 住中央区銀座7-10-1 交地下鐵銀座站
A3出口步行3分 P80輛(收費) S15600日圓～ T12100日
圓～ IN14時／OUT11時 ●270間(S193間、T55間、其他
22間) ●2007年10月開業 MAP附錄P11C3

日比谷
レム日比谷
remm HIBIYA

提供優質「睡眠」的飯店

以「設計睡眠」為概念，充滿講究物
品的客房相當受到歡迎。以與日本ベ
ッド製造（株）共同開發的高機能
床、德國製的花灑為賣點，所有客房
裡配置的按摩椅也相當具有放鬆效果，廣受好評。

DATA ☎03-3507-0606 住千代田区有楽町1-2-1 東宝シアター
クリエビル 交JR有楽町站日比谷口步行4分 P無 S10000日
圓～ T6750日圓～ IN14時／OUT12時 ●255間(S223間、
T32間) ●2007年11月開業 MAP附錄P11A2

赤坂
赤坂エクセルホテル東急
東急赤坂卓越大酒店

設計&機能性卓越的客房廣受好評

前往表參道和青山的交通相當方便、
非常適合當作觀光據點的飯店。以現
代簡約的室內裝潢為基調、雅致的客
房相當受到歡迎。女性客房區域有保
全系統，可以安心住宿，飯店備品也很齊全。

DATA ☎03-3580-2311 住千代田区永田町2-14-3 交地下鐵赤
坂見附站10號出口步行1分 P67輛(收費) S23166日圓～
T15741日圓～ IN14時／OUT11時 ●487間(S111間、
T209間、其他167間) ●2013年9月一部分重新裝潢 MAP附錄
P25A4

六本木
ANAインターコンチネンタル ホテル東京
ANA INTERCONTINENTAL TOKYO

提供更優質的住宿

位於赤坂ARK Hills、37層的超高層
都會飯店。還有米其林三星主廚
Pierre Gagnaire所打造的現代風格
法國料理餐廳。夏天時會開放戶外游泳池。

DATA ☎03-3505-1111 住港区赤坂1-12-33 交地下鐵溜池
山王站13號出口步行4分 P500輛(收費) S27200日圓～
T13600日圓～ IN15時／OUT12時 ●844間(S51間、T270
間、其他523間) ●2009年2月重新裝潢 MAP附錄P12D1

台場
ホテル日航東京

東京日航酒店

美麗的東京灣夜景充滿魅力

直通百合海鷗線台場站的度假飯店。周圍有富士電視台瞭望室和AQUA CITY等人氣景點，以及綠意盎然的台場海濱公園，地理位置也很不錯。面對東京灣的客房，可以欣賞到窗外的彩虹大橋等景色。

DATA ☎03-5500-5500 ⊞港區台場1-9-1 ⊠直通百合海鷗線台場站 ₱300輛(收費) ¥T8750日圓～ ⏱IN15時／OUT12時 ●453間(T325間、W111間、大套房17間) ●2012年9月重新裝潢 **MAP**附錄P25A1

品川
品川プリンスホテル

品川王子大飯店

充分享受愉悅的大人假期

位於品川站前，具備水族館和電影院、保齡球館等設施的娛樂型飯店。2013年3月高機能性的「N塔」誕生。設置有大型書桌和Wi-Fi、房客專用的商務交誼廳。也有可以脫掉鞋子放鬆的木地板客房。

DATA ☎03-3440-1111 ⊞港區高輪4-10-30 ⊠JR品川站高輪口步行2分 ₱734輛(收費) ¥S13000日圓～ T8900日圓～ ⏱IN14時／OUT11時 ●3695間(S1027間、T1674間、W994間) ●2013年3月重新裝潢 **MAP**附錄P25B4

品川
グランドプリンスホテル高輪

高輪格蘭王子大飯店

自然豐饒的日本庭園療癒身心

號稱2萬平方公尺的廣大日本庭園所在的飯店。有面向日本庭園的客房，以及可以眺望東京鐵塔的客房。設有開放式廚房的餐廳，可以一邊欣賞窗外綠意盎然的庭園一邊用餐。

DATA ☎03-3447-1111 ⊞港區高輪3-13-1 ⊠JR品川站高輪口步行5分 ₱1000輛(收費) ¥T14600日圓～ ⏱IN14時／OUT11時 ●412間(T224間、其他190間) ●1953年開業 **MAP**附錄P25B3

天王洲
第一ホテル東京シーフォート

第一東京海堡酒店

窗外是彩虹大橋的絕色美景

坐擁海景、充滿開放感的都會度假飯店。所有客房都在23F以上，從高處望去，海邊的景色相當壯觀。直通單軌電車天王洲Isle站，從羽田機場和品川站前往也相當方便。28F餐廳的豪華鐵板燒也非常受到歡迎。

DATA ☎03-5460-4411 ⊞品川區東品川2-3-15 ⊠直通東京單軌電車天王洲Isle站中央口 ₱119輛(收費) ¥S2萬7624日圓～ T1萬8020日圓～ ⏱IN14時／OUT12時 ●127間(S4間、T84間、其他39間) ●1992年7月開業 **MAP**附錄P26A3

※S…單人房住宿時1人的費用、W…雙人房2人住宿時1人的費用、T…雙床房2人住宿時1人的費用（皆為淡季時1泊的最低費用）

澀谷
渋谷グランベルホテル

SHIBUYA GRANBELL HOTEL

藝術感十足的空間是其特色

位於距離澀谷站3分的位置，相當適合在東京玩樂時住宿。活潑且具有藝術設計的客房，以木頭為基調的時尚客房等，不同房型有著不同的室內裝潢，相當有魅力。

DATA ☎03-5457-2681 ⊞渋谷区桜丘町15-17 ⊠JR澀谷站西口步行3分 ₱48輛(收費) ¥S8000日圓～T14000日圓～ ⏱IN14時／OUT11時 ●105間(S58間、T7間、其他40間) ●2006年7月開業 **MAP**附錄P17A3

池袋
ホテルメトロポリタン

大都會大飯店

品嘗菜色豐富的自助式早餐

位於池袋站西口、LUMINE池袋店和東京藝術劇場就在附近。統一成柔和色調的客房相當受到歡迎。早餐是可以品嘗到鬆軟的歐姆蛋和鬆餅等45種日式和西式自助餐的豪華菜色。4F備有健身房。

DATA ☎03-3980-1111 ⊞豊島区西池袋1-6-1 ⊠JR池袋站西口步行3分 ₱160輛(收費) ¥S21384日圓～ T14256日圓～ ⏱IN15時／OUT12時 ●814間(S264間、T396間、其他154間) ●2014年3月重新裝潢 **MAP**附錄P24A4

澀谷
ホテル ユニゾ渋谷

HOTEL UNIZO 澀谷

女性一個人也能安心利用的飯店

位於澀谷、作為觀光據點相當方便的飯店。以白色為基調、充滿設計感的南法風格的大廳和客房相當受到歡迎。附有感應器的房卡和女性限定樓層等各種貼心的服務受到注目。特別推薦給想要在澀谷和原宿、表參道、青山購物的人。

DATA ☎03-5457-7557 ⊞渋谷区宇田川町4-3 ⊠JR澀谷站八公口步行7分 ₱無 ¥S17690日圓～ T12955日圓～ ⏱IN15時／OUT11時 ●186間(S127間、T36間、其他23間) ●2010年5月開業 **MAP**附錄P16D2

芝公園
セレスティンホテル

Celestine Hotel

在都心的綠洲度過極上片刻

位於可以眺望東京鐵塔的芝公園旁、深受女性喜愛又隱密的大人風格飯店。瀰漫著精油香氣的大廳等，提供歐式的放鬆空間。房客專用的交誼廳24小時開放。在寬敞的庭園露天座位，悠閒享受美好時光。

DATA ☎03-5441-4111 ⊞港区芝3-23-1 ⊠地下鐵芝公園站A2出口步行1分 ₱30輛(收費) ¥S12000日圓～ T8000日圓～ ⏱IN14時／OUT11時 ●243間(S84間、T12間、其他138間) ●2007年10月重新裝潢 **MAP**附錄P12F4

東京的飯店 ● 便利又舒適的都會飯店

前往東京的交通方式

台灣前往東京，主要經由成田和羽田2座機場，
配合JR、地下鐵、利木津巴士等，自由來去東京逍遙遊。

前往東京的交通方式

✈ 飛機（台灣往東京）

2015年4月時

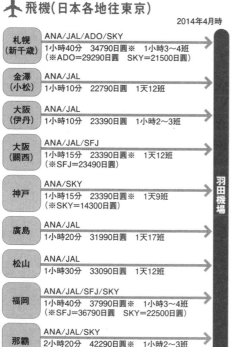

松山	華航／長榮／ANA／JAL 約3小時　1天8班	羽田機場
桃園	華航／長榮／復興／虎航／ANA／JAL／美航 香草／馬航／國泰／達美／酷航／聯合 約3小時20分　1天23班	成田機場
高雄	華航／長榮／ANA／JAL／美航／香草 約3小時40分　1天6班	

✈ 飛機（日本各地往東京）

2014年4月時

札幌 （新千歲）	ANA/JAL/ADO/SKY 1小時40分　34790日圓※　1小時3～4班 （※ADO=29290日圓　SKY=21500日圓）	
金澤 （小松）	ANA/JAL 1小時10分　22790日圓　1天12班	
大阪 （伊丹）	ANA/JAL 1小時10分　23390日圓　1天2～3班	
大阪 （關西）	ANA/JAL/SFJ 1小時15分　23390日圓※　1天12班 （※SFJ=23490日圓）	羽田機場
神戶	ANA/SKY 1小時15分　23390日圓※　1天9班 （※SKY=14300日圓）	
廣島	ANA/JAL 1小時20分　31990日圓　1天17班	
松山	ANA/JAL 1小時30分　33090日圓　1天12班	
福岡	ANA/JAL/SFJ/SKY 1小時40分　37990日圓※　1小時3～4班 （※SFJ=36790日圓　SKY=22500日圓）	
那霸	ANA/JAL/SKY 2小時20分　42290日圓※　1小時2～3班 （※SKY=23900日圓）	

🚄 鐵路

仙台站	東北新幹線「はやぶさ」、「はやて」 1小時30～45分　11200日圓※　1小時1～2班 （※はやて=10890日圓）	
名古屋站	東海道新幹線「のぞみ」 1小時40分　11090日圓　每ँ10分1班	
新大阪站	東海道新幹線「のぞみ」 2小時35分　14450日圓　每10分1班	東京站
廣島站	東海道、山陽新幹線「のぞみ」 4小時　19080日圓　1小時3班	
博多站	東海道、山陽新幹線「のぞみ」 5小時5分　22950日圓　1小時3班	

※票價是平時的普通車指定席的金額。

成田機場前往東京都心的交通方式

◆往東京站 【搭乘JR線】

搭乘成田特快N'EX約1小時，3020日圓，每30分1班。直達東京、品川、澀谷、新宿、池袋、橫濱等站，不需轉乘。

※可使用N'EX東京去回車票4000日圓，是限定外國人使用，以優惠價格乘坐「成田特快」普通車指定席的去回車票，可從成田機場第一候機樓、成田機場第二、第三候機樓站搭乘。

◆往日暮里、上野 【電車】

搭乘京成本線（特急）到日暮里站、京成上野站約1小時20分，1030日圓，每30～40分1班。搭乘Skyliner直達日暮里站38分，京成上野站43分，2470日圓，每40～60分1班。搭乘成田SKY ACCESS線到日暮里站52分、京成上野站56分，1240日圓，每5～10分1班。

◆往東京站、新宿 【搭乘利木津巴士】

搭乘橘色的機場利木津巴士（東京機場交通），前往東京站主要飯店（AMAN TOKYO、東京文華東方酒店、東京香格里拉大酒店）3100日圓。前往新宿區主要飯店（京王廣場飯店、東京凱悅酒店、東京希爾頓酒店、新宿華盛頓酒店、新宿燦路都廣場大飯店、東京柏悅酒店等）3100日圓。每30～60分1班。由於高速公路的塞車狀況等，難以估算所需時間。適合行李較多的旅客運用。※詳細下車站點，可上利木津巴士官方網站確認。

※本書記載的交通資訊，所需時間僅供參考，請多加注意。此外，公共交通機關的車資，使用IC卡時，根據部分區域、公司，車資會有所不同。

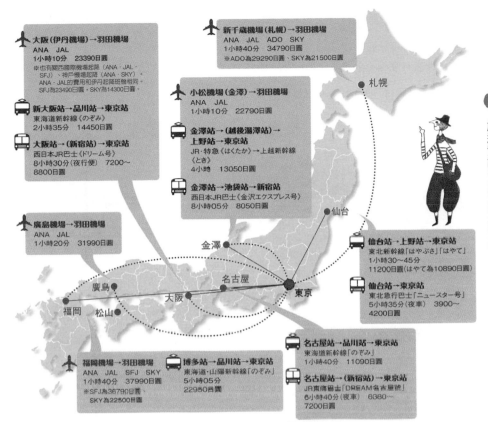

✈ 大阪（伊丹機場）→羽田機場
ANA JAL
1小時10分 23390日圓
※也有關西國際機場起降（ANA、JAL、
SFJ）、神戶機場起降（ANA、SKY）。
ANA、JAL的費用和伊丹起降班機相同。
SFJ為23490日圓、SKY為14300日圓。

🚄 新大阪站→品川站→東京站
東海道新幹線《のぞみ》
2小時35分 14450日圓

🚌 大阪站→（新宿站）→東京站
西日本JR巴士《ドリーム號》
8小時30分（夜行便） 7200～
8800日圓

✈ 新千歲機場（札幌）→羽田機場
ANA JAL ADO SKY
1小時40分 34790日圓
※ADO為29290日圓、SKY為21500日圓

✈ 小松機場（金澤）→羽田機場
ANA JAL
1小時10分 22790日圓

🚄 金澤站→（越後湯澤站）→
上野站→東京站
JR・特急《はくたか》→上越新幹線
《とき》
4小時 13050日圓

🚌 金澤站→池袋站→新宿站
西日本JR巴士《金沢エクスプレス號》
8小時05分 8050日圓

✈ 廣島機場→羽田機場
ANA JAL
1小時20分 31990日圓

🚄 仙台站→上野站→東京站
東北新幹線「はやぶさ」「はやて」
1小時30～45分
11200日圓（はやて為10890日圓）

🚌 仙台站→東京站
東北急行巴士「ニュースター號」
5小時35分（夜車） 3900～
4200日圓

🚄 名古屋站→品川站→東京站
東海道新幹線「のぞみ」
1小時40分 11090日圓

🚌 名古屋站→（新宿站）→東京站
JR東海巴士「DREAM名古屋號」
6小時40分（夜車） 6380～
7200日圓

✈ 福岡機場→羽田機場
ANA JAL SFJ SKY
1小時40分 37990日圓
※SFJ為36790日圓、
SKY為22500日圓

🚄 博多站→品川站→東京站
東海道・山陽新幹線「のぞみ」
5小時05分
22950日圓

地圖城市標示：札幌、仙台、金澤、名古屋、東京、廣島、大阪、福岡、松山

🌀 羽田機場前往 東京都心的交通方式

◆ 往品川站 【搭乘電車】

搭乘京急電鐵11分（快特），410日圓，每5～10分1班。並和都營地下鐵聯營，不需轉乘即可前往新橋、銀座、淺草等站。

◆ 往濱松町站 【搭乘單軌電車】

搭乘東京單軌電車16分（機場快速），490日圓，每3～6分1班。濱松町站轉乘JR山手線相當方便。

◆ 前往東京、新宿 【搭乘利木津巴士】

搭乘橘色的機場利木津巴士（東京機場交通），前往東京站八重洲南口930日圓。前往新宿區主要飯店（京王廣場飯店、東京凱悅酒店、東京希爾頓酒店、新宿華盛頓酒店、新宿燦路都廣場大飯店、東京柏悅酒店等）1230日圓。每30～60分1班。由於首都高速公路的塞車狀況等，難以估算所需時間。適合行李較多的旅客運用。※詳細下車站點，可上利木津巴士官方網站確認。

☎ 洽詢專線一覽

航空公司

● 中華航空
☎ (02) 412-9000

● 長榮航空
☎ 0800-098-666

● 復興航空
☎ (02) 4498-123

● 虎航
☎ (02) 5599-2555

● 全日空（ANA）
☎ (02) 2521-1989

● 日本航空
☎ (02) 8177-7006

● 香草航空
☎ (02) 2531-5118

● 馬來西亞航空
☎ (02) 2514-7888

● 國泰航空
☎ (02) 2715-2333

● 達美航空
☎ 0080-665-1982

● 酷航
☎ (09) 7348-2980

● 聯合航空
☎ (02) 2325-8868

鐵路公司

● JR東日本
☎ 050-2016-1600

● JR東海
☎ 050-3772-3910

● JR西日本
☎ 0570-00-2486

● 東京Metro
☎ 0120-104106

● 都營地下鐵
☎ 03-3816-5700

● 京急電鐵
☎ 03-5789-8686

● 東京單軌電車
☎ 03-3374-4303

東京的交通

在東京，搭乘地下鐵和JR等鐵路是最基本的交通方式。
車站內和轉乘路線有些複雜，需特別注意。

東京快速導覽交通MAP

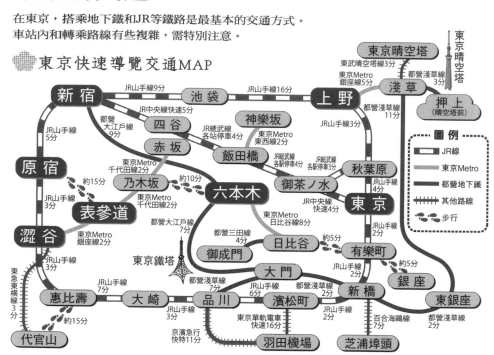

聰明利用地下鐵和山手線

地下鐵

包含東京Metro、都營地下鐵，共有13條線路。各
路線以顏色區分，車站也有編號，配合在車站索取
的路線圖進行移動即可。前往觀光景點，東京
Metro銀座線、丸之內線、都營地下鐵淺草線等都
很方便。
●車資東京Metro170日圓～、都營地下鐵180日圓～，視
　距離變動
●各車站的停留時間約2～3分
●每2～10分1班車，視路線變動

JR山手線

繞行東京中心區1周約1小時的環狀線。品川站～
濱松町站～東京站～上野站，澀谷站～新宿站等，
最適合在都心的轉運車站間移動時利用。此外，新宿
站⇔東京站之間，搭乘JR中央線會比較快。
●車資140～260日圓，視距離變動。大多數都可以使用
　IC卡（133～259日圓）。
●各車站的停留時間約1～3分
●每3～6分1班車

方便又超值的車票（1日乘車券）

車票名稱	價格	可搭乘的電車和巴士（自由區間）				車票販售處（部分車站沒有販售）
		JR	東京Metro	都營地下鐵	都巴士	
東京環遊車票	1590日圓	○	○	○	○	東京都內的JR線和東京Metro、都營地下鐵各站的售票處
東京Metro·都營地下鐵1日通票	1000日圓	×	○	○	×	東京Metro、都營地下鐵各站的售票機和月票售票處
東京都市地區通票	750日圓	○	×	×	×	東京都內主要的JR車站的售票機
東京Metro地鐵1日車票	600日圓	×	○	×	×	東京Metro各站的售票機和月票售票處
都營通票（1日乘車券）	700日圓	×	×	○	○	都營地下鐵各站的售票機、都巴士的車內等

*本書記載的交通資訊，所需時間僅供參考，請多加注意。此外，公共交通機關的車資，使用IC卡時，根據部分區域、公司，車資會有所不同。

搭乘交通工具遊覽東京

想要有效率地周遊觀光景點、或是想要從不同的角度欣賞東京，
建議可以搭乘交通工具進行觀光。

すかいばすとうきょう
SKY BUS TOKYO

日本第一台雙層露天巴士。360度的
全景&開放感相當不錯，以搭乘遊樂
設施般的心情盡情觀光。以繞行東京
晴空塔®和東京鐵塔、皇居等主要景
點的路線為主。除了以預約方式參加
行程的觀光路線，2012年7月還推出
了可以自由上下車的SKY HOP
BUS。能夠更輕鬆地享受觀光的樂
趣。

☎03-3215-0008 ￥1600日圓～ 休不定休
詳細路線 東京晴空塔®・淺草路線1900日圓
三菱大樓前⇒箱崎⇒駒形⇒東京晴空塔®⇒淺
草雷門前⇒合羽橋⇒上野⇒秋葉原⇒日本橋

1 道路上的標識居然這麼近！ 2 距離高架橋下方只有一點點
空間，相當刺激 3 一邊吹著風，一邊欣賞與平常不同的風景
4 也只有SKY BUS能從道路中央欣賞東京晴空塔®

はとばす
哈多巴士

以黃色的巴士為人熟知，當天來回
繞行東京觀光景點的觀光巴士。有
1～3小時、半天、一天、夜間行
程等各式各樣的方案，可以根據自
己的計劃進行預約，非常有魅力。
建議提早預約。

☎03-3761-1100 休視方案而異
推薦行程 東京漫遊記(每天運行、7600日
圓附午餐)
皇居⇒六本木之丘⇒隅田川觀光船(從船上
眺望東京晴空塔®)⇒淺草

すいじょうばす とうきょうくるーず
水上巴士 TOKYO CRUISE

在隅田川上運行，連結下町區域和
東京灣岸。值得注目的是以太空船
為雛型、航行於淺草～台場之間的
「HIMIKO」(照片)。

☎0120-977311(東京都觀光汽船) ￥
780日圓～ ⏰船票販售9時30分～(不需
預約) 休無休(天候不佳時停駛。週一、
二東京國際展示場・調色盤城路線停駛)
推薦行程 淺草台場直通線(1560日圓)搭
乘HIMIKO從淺草～台場海濱公園(約50
分)※包含HIMIKO乘船整理券費用300日圓

まるのうちしゃとる
丸之內接駁巴士

連結大手町、丸之內、有樂町地區
的免費繞行巴士。從新丸大樓前到
讀賣新聞、日比谷等，繞行一周
35～40分的路線，10～20時，約
12～15分1班車。由丸之內周邊的
企業贊助，得以免費搭乘。

☎03-5689-0912 ⏰10～20時 休無休
詳細路線 新丸大樓⇒讀賣新聞⇒郵船大
樓⇒日比谷⇒新國際大樓(ビックカメラ前)⇒
新丸大樓 ※省略部分巴士站

153

遊逛東京前的相關小知識

東京有許多歷史悠久的祭典和華麗的活動，想去的地方真的好多。
旅行前先參考以下書籍和電影，旅行一定會更加有樂趣。

東京相關的書籍

以下介紹的書籍能讓人以各種角度發現東京的魅力。想要來趟知性之旅的人千萬不要錯過。

こちずとめぐるとうきょうれきしたんぼう
古地図とめぐる東京歴史探訪

將明治初期的老地圖上描繪的地形與現代東京的街道進行比較，加上淺顯易懂的解說。從歷史的角度重新發現東京的魅力。
SOFTBANK CREATIVE / 2010年 / 荻窪圭著 / 918日圓

とうきょうたわー　おかんとぼくととときどきおとん
東京鐵塔 老媽和我、有時還有老爸

Lily Franky以親身體驗寫成的暢銷小說。夾雜詼諧的口吻，描寫主角及父母親之間各自的羈絆，內容相當感人。
新潮社 / 2010年 / Lily Franky著 / 有中文版320元

えどのあじをたべたくなって
江戸の味を食べたくなって

以美食家聞名的作家池波正太郎的散文集。內容中充滿了作者對喜愛的東京名店和料理的回憶與情感。
新潮文庫 / 2010年 / 池波正太郎著 / 529日圓

とうきょうおさんぼのーと
東京おさんぽノート

悠閒散步尋找可愛的、好吃的東西、以及舒服的場所。介紹東京站周邊值得一去的街道、值得專程前往的景點等等，內容豐富。
JTB Publishing / 2013年 / 1512日圓

東京相關的電影

集結以東京為舞台的賣座電影。也很推薦前往這些電影外景地所在的東京街頭。

とうきょうおあしす
東京綠洲

生活在東京的人們彼此相遇後的小故事。以東京為舞台，呈現女主角的自然樣貌。
2012年 / 主演：小林聰美、加瀨亮／導演：松本佳奈、中村佳代

しんざんもの
新參者

東野圭吾的原著推理小說改編的日劇。阿部寬飾演的主角等人，追查發生在東京下町的殺人事件。
2010年 / 主演：阿部寬
©TBS

おーるうぇいず　さんちょうめのゆうひ
ALWAYS幸福的三丁目

以昭和30年代的東京為舞台、描述人間溫情的全民賣座電影。以東京下町為舞台。
2011年 / 主演：吉岡秀隆、堤真一／導演：山崎貴

とうきょうびより
東京日和

呈現許多現今東京的日常生活與風景的人間戲劇。
2000年 / 主演：竹中直人、中山美穗／導演：竹中直人
©1997 フジテレビジョン／バーニングプロダクション

開運景點

東京有許多日本知名的神社和開運景點。不妨前往參拜祈求好運？

めいじじんぐう
明治神宮

大正9年（1920）創建、祭祀明治天皇和昭憲皇太后的神社。位於原宿站附近、綠意盎然的境內，可以都會綠洲般的存在深得人心。相傳由加藤清正所挖掘的「清正井」，是能夠淨化自身心的知名開運景點。DATA ☞ P76 MAP 附錄P9A1

とうきょうだいじんぐう
東京大神宮

作為伊勢神宮的遙拜殿，建於明治13年（1880），位於飯田橋的神社。是日本第一間舉行神社婚禮的地方，因此是祈求緣的知名景點，以年輕人為主的參拜者相當多。DATA ☞ P130 MAP 附錄P24C2

かんだみょうじん
神田明神

位於神田、有1200年以上歷史的神社。承襲江戶傳統的「神田祭」相當知名。除了祈求家庭美滿，也是締結良緣的知名神社。不只是男女之間的感情，而是將所有事物連結上通往幸福的緣分。MAP 右圖

とうきょうすいてんぐう
東京水天宮

原是有馬家中的神社，因江戶時代的安產信仰而廣為流傳，在戌日會有許多參拜者來祈求御子守帶（腹帶）。在重建工程完成的2016年（預定）前，暫時遷移至濱町的臨時宮。MAP 右圖

東京的洋館

以都心為中心，東京有許多懷舊且饒富趣味的洋館。一同感受歷史的深度吧。

きゅういわさきていていえん
舊岩崎邸庭園

明治29年（1896）建於上野、前三菱財團岩崎家的宅邸。當時作為岩崎家的迎賓館使用，現在則是國家的重要文化財，規劃為都立庭園。**DATA** ☞P62 **MAP** 附錄P7A4

はとやまかいかん
鳩山會館

大正13年（1924）完工，前內閣總理大臣鳩山一郎的舊宅邸。位於文京町的音羽，因此有著「音羽御殿」的暱稱。以春秋的玫瑰和彩繪玻璃聞名的洋館，現在以鳩山家族的紀念館對外公開。**MAP** 附錄P26B3

ほうむしょうきゅうほんかん
法務省舊本館

由明治時代經手許多西洋風格建築的建築師Hermann Ende設計、豪華的德國新巴洛克式洋館。明治28年（1895）建於霞關，但由於第二次世界大戰的空襲，除了牆壁和地板以外的地方都被燒毀，目前的建築是1994年所復原的。**MAP** 上圖

じゆうがくえんみょうにちかん
自由學園明日館

負責帝國飯店等設計、來自美國的建築大師Frank Lloyd Wright打造的洋館。位於東京都豐島區，作為學校的校舍於大正10年（1921）完工。刻意降低高度的建築物被稱為「草原樣式」。**MAP** 附錄P24A4

東京的庭園

華麗的歐式庭園、與將軍有淵源的日本庭園等，前往東京的庭園，欣賞四季的花草之美。

きゅうふるかわていえん
舊古河庭園

位於西原、前古河家的庭園。巧妙利用武藏野台地的地形，斜坡上的西洋庭園與低地上的日本庭園配置為其特徵。完美融合傳統手法和現代技術，保留大正特有的庭園的原型，相當難能可貴。**MAP** 上圖

はまりきゅうおんしていえん
濱離宮恩賜庭園

建於江戶時代、與德川將軍家有關的庭園。池塘的水來自東京灣的海水，漲退潮時會呈現不同的風情。春天有梅花和油菜花、櫻花，秋天有波斯菊和紅葉等，可以欣賞四季花草的花田相當值得一看。**MAP** 附錄P21B4

りくぎえん
六義園

元祿15年（1702）由德川五代將軍綱吉的近臣柳澤吉保，在駒込設計、建造的回遊式日本庭園。在平坦的地面上費時7年挖掘池塘、造山的美麗庭園千萬不能錯過。這裡也以初夏盛開的杜鵑花聞名。**MAP** 上圖

しんじゅくぎょえん
新宿御苑

明治39年（1906）以皇室的庭園完工，戰後則以國民公園對外開放。58.3公頃的廣大腹地內，種植著約250種、1萬棵以上的樹木。可以欣賞到英式及法式等各種庭園的風景。※禁止攜帶酒類及遊樂器材 **MAP** 附錄P14F4

きゅうしばりきゅうおんしていえん
舊芝離宮恩賜庭園

緊鄰濱松町站、保留著江戶時代初期的大名庭園的風采，知名度相當高的庭園。延寶6年（1678）填海造地興建的回遊式庭園，在明治時代初期作為皇族的離宮使用，相當具有歷史。**MAP** 右圖

東京的祭典、活動

從充滿老街風情的傳統祭典，到能充分感受最新文化的活動，以下介紹東京特有的祭典。

とうきょうがーるずこれくしょん
Tokyo Girls Collection

©TOKYO GIRLS COLLECTION by girls walker.com 2014 S/S

每年春天和秋天舉辦2次的時裝秀。集結所有時尚感相當敏銳的女生所喜愛的服飾品牌。加上名模和當紅藝人的走秀，讓活動更加精彩。

ろっぽんぎあーとないと
六本木 ART NIGHT

©六本木ART NIGHT 2014的主視覺

每年在六本木舉辦的ART NIGHT。2014年以藝術總監日比野克彥為中心，以裝置藝術、音樂、影像等各種藝術作品，為六本木的街道妝點上藝術色彩。

さんじゃまつり
三社祭

位於淺草的淺草神社，每年6月中旬的週五、六、日舉辦的例行大祭典。欣賞木遣和拍板舞等傳統藝能的大遊行，以及穿著兜襠的江戶男兒扛起巨大神轎等，都是相當知名的活動。

すみだがわはなびたいかい
隅田川煙火大會

東京三大煙火大會之一、可說是東京夏天的風情畫。每年7月最後一個週六舉辦，以流過淺草等下町的隅田川沿岸為會場，2萬發的煙火在夜空中綻放。也會舉行爭奪最美麗的煙火的比賽。

とうきょうこくさいえいがさい
東京國際電影節

©2014 TIFF

2014年在10月23～31日於涉谷、世界級的電影節。展期約8天，在六本木之丘的主要場地舉辦，放映來自日本國內外的傑出電影。有許多作品是第一次在日本上映，千萬不要錯過。

INDEX 索引

東京

景點、寺社　遊樂景點　和食、洋食　咖啡廳、喫茶　夜生活、BAR　伴手禮店、商店　住宿設施

景點、寺社　遊樂景點　和食、洋食　咖啡廳、喫茶　夜生活、BAR　伴手禮店、商店　住宿設施

叩叩日本 cocomiru ココミル

東京

【 叩叩日本系列 1 】
東京

作者／JTB Publishing, Inc.
翻譯／莊仲豪
編輯／廉凱評
發行人／周元白
出版者／人人出版股份有限公司
電話／（02）2918-3366（代表號）
傳真／（02）2914-0000
網址／http://www.jjp.com.tw
地址／23145 新北市新店區寶橋路235巷6弄6號7樓
郵政劃撥帳號／16402311 人人出版股份有限公司
製版印刷／長城製版印刷股份有限公司
電話／（02）2918-3366（代表號）
經銷商／聯合發行股份有限公司
電話／（02）2917-8022
第一版第一刷／2015年5月
第一版第二刷／2016年4月
定價／新台幣320元

日本版原書名／ココミル東京
日本版發行人／秋田　守
Cocomiru Series
Title: TOKYO © 2014 JTB Publishing, Inc.
All Rights Reserved
First published in Japan in 2014 by JTB Publishing, Inc. Tokyo
Chinese translation rights arranged with JTB Publishing Inc.
through CREEK & RIVER Co., Ltd. Tokyo
Chinese translation copyrights ©2015 by Jen Jen Publshing Co., Ltd.

國家圖書館出版品預行編目(CIP)資料

東京 / JTB Publishing, Inc.作 ；
莊仲豪翻譯. -- 第一版. -- 新北市：
人人, 2015.05
面；公分. --（叩叩日本系列；1）
ISBN 978-986-5903-98-5（平裝）
1.旅遊 2.日本東京都

731.72609   104007081

JMJ

　本書中的各項費用，原則上都是取材時確認過，包含消費稅在內的金額。但是，各種費用還是有可能變動，使用本書時請多加注意。

◎本書中的內容為2014年3月底的資訊。發行後在費用、營業時間、公休日、菜單等營業內容上可能有所變動，或是因臨時歇業等而有無法利用的狀況。此外，包含各種資訊在內的刊載內容，雖然已經極力追求資訊的正確性，但仍建議在出發前以電話等方式做確認、預約。此外，因本書刊載內容而造成的損害賠償責任等，敝公司無法提供保證，請在確認此點之後再行購買。
◎本書刊載的商品僅為舉例，有售完及變動的可能，還請見諒。
◎本書刊載的地圖，在製作方面經過國土地理院長的認可，使用該院發行的50萬分1地方圖及2萬5000分之1地形圖、數值地圖50m網格（標高）。（承認番号平23情使、第192-554号／平23情使、第193-230号）
◎本書刊載的入園費用等為成人的費用。
◎公休日省略新年期間、盂蘭盆節、黃金週的標示。
◎本書刊載的利用時間若無特別標記，原則上為開店（館）～閉店（館）。停止點菜及入店（館）時間，通常為閉店（館）時刻的30分～1小時前，還請多留意。
◎本書刊載關於交通表示上的所需時間僅提供參考，請多留意。
◎本書刊載的住宿費用，原則上單人房、雙床房是1房的客房費用；而1泊2食、1泊附早餐、純住宿，則標示2人1房針1人份的費用。標示是以採訪時的消費稅率為準，包含各種稅金、服務費在內的費用。費用可能隨季節、人數而有所變動，請多留意。
◎本書刊載的溫泉泉質、效能為源泉具備的性質，並非個別浴池的功效；是依照各設施提供的資訊製作而成。

東京真好玩♪

Find us on
人人出版粉絲頁

人人出版好本事
提供旅遊小常識＆最新出版訊息
回答問卷還有送小贈品

部落格網址：http://www.jjp.com.tw/jenjenblog/

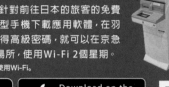

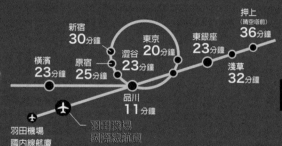